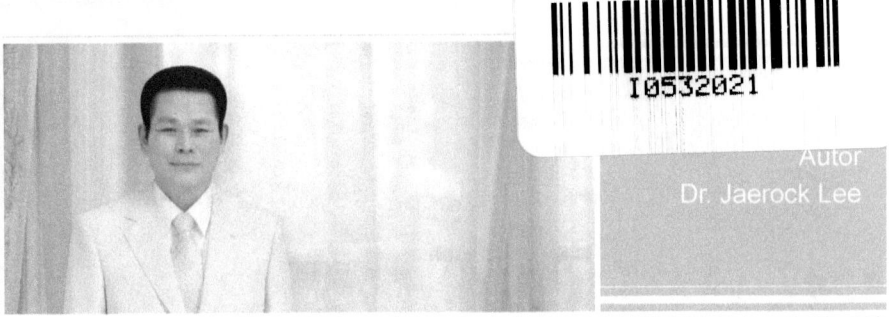

Autor
Dr. Jaerock Lee

Dr. Jaerock Lee proveo je sedam godina na samom pragu smrti jer je bolovao od niza bolesti, ali je bio potpuno ozdravljen kad je upoznao živoga Boga. Nakon toga Dr. Lee pozvan je kao sluga Božji, a 1982. osnovao je crkvu Manmin Church u Seulu, Koreja. Crkva Manmin je otada narasla u kongregaciju od 120.000 članova u posljednjih 30 godina. Tijekom čitave svoje službe Dr. Lee je očitovao moć Božju u ime Isusa Krista i proslavljao Boga čudesnim znamenjima i čudesima. Bog je bezbrojnim opipljivim dokazima uvijek iznova potvrđivao poruke koje je propovijedao Dr. Lee kad god bi predvodio prekooceanske pokrete u brojnim zemljama, uključujući i Ugandu, Japan, Pakistan, Keniju, Filipine, Honduras, Indiju, Rusiju, Njemačku, Peru, Demokratsku Republiku Kongo, New York City u SAD-u, Izrael i Estoniju. Ti su pokreti prenošeni na televiziji i na internetu u cijelome svijetu. Posebice je njegova moćna služba na "Pokretu Svetog evanđelja 2000. u Ugandi" prenošena na CNN-u (Cable News Network), a na "Pokretu za ujedinjenje 2009. u Izraelu" održanom u ICC-u (International Convention Center) u Jeruzalemu navijestio je Isusa Krista kao Mesiju, a taj pokret uživo prenošen na televiziji u 220 država. Do danas je Dr. Lee napisao 64 knjige ispunjenih dragocjenom riječju života i brojne je duše doveo na put spasenja. Jedno od njegovih moćnih djela, *Poruka Križa*, probudilo je mnoge duše diljem svijeta iz duhovnog drijemeža.

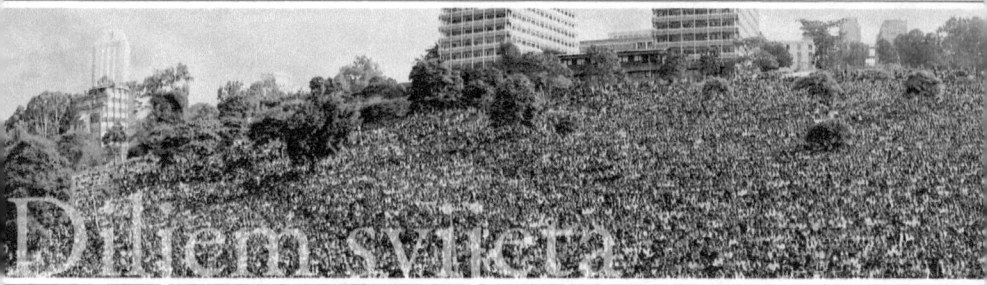

Diljem svijeta

Očitujući nam snagu Božju, hrabro je svijetu navijestio postojanje Boga, jedinog Spasitelja čovječanstva Isusa Krista i istinitost svega što je zapisano u Bibliji!

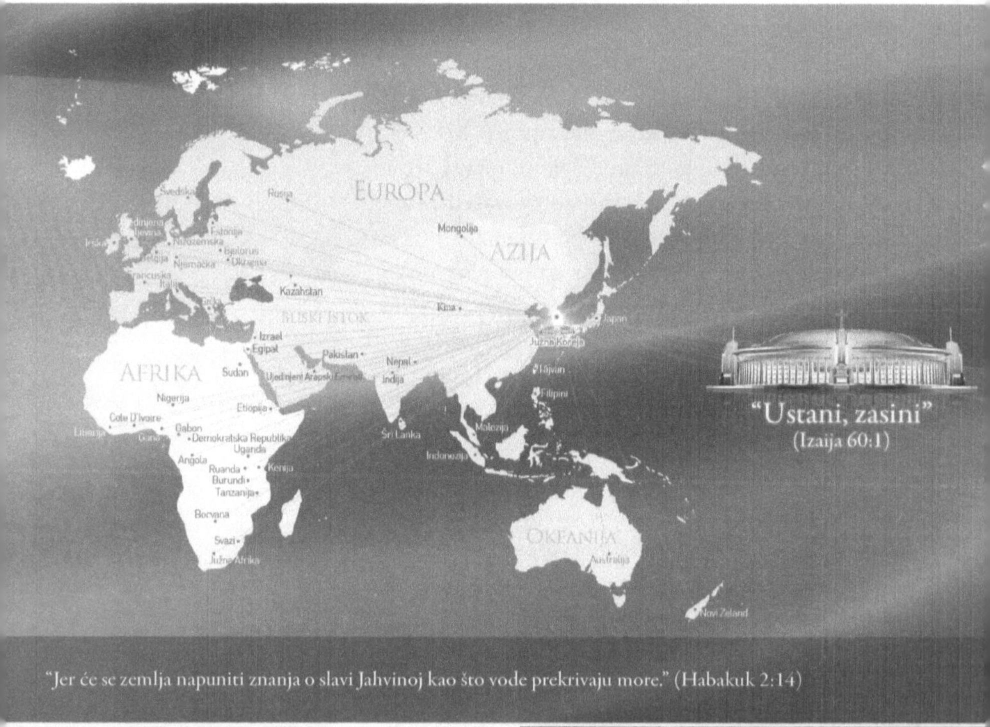
EUROPA
AZIJA
AFRIKA
BLISKI ISTOK
OKEANIJA
Švedska
Rusija
Mongolija
Estonija
Nizozemska
Bjelorus
Njemačka
Kazahstan
Kina
Japan
Južna Koreja
Tajvan
Filipini
Izrael
Egipat
Pakistan
Nepal
Indija
Sudan
Ujedinjeni Arapski Emirati
Nigerija
Etiopija
Cote D'Ivoire
Gabon
Demokratska Republika
Uganda
Angola
Ruanda
Kenija
Burundi
Tanzanija
Bocvana
Svazi
Južna Afrika
Šri Lanka
Malezija
Indonezija
Australija
Novi Zeland
"Ustani, zasini"
(Izaija 60:1)

"Jer će se zemlja napuniti znanja o slavi Jahvinoj kao što vode prekrivaju more." (Habakuk 2:14)

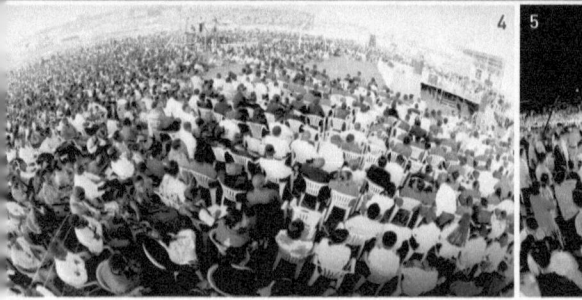

4

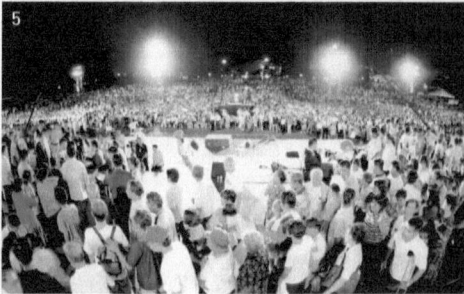

5

Deseci prekooceanskih
pokreta pod vodstvom
Dr. Jaerocka Leeja potresli
su svijet snagom Duha Svetoga

1 Pokret Svetog evanđelja u Keniji
2 Misije crkve Manmin Central Church u svijetu
3 Pokret za veliko ujedinjenje u Pakistanu
4 Pokret Svetog evanđelja u Ugandi
5 Pokret duhovne obnove i ozdravljenja na Filipinima
6 Pokret čudesnih ozdravljenja u Hondurasu
7 Pokret ozdravljenja u Peruu

Diljem svijeta

"Ali primit ćete snagu Duha Svetoga koji će sići na vas, pa ćete mi biti svjedoci u Jeruzalemu, u svoj Judeji, u Samariji i do kraja zemlje." (Djela apostolska 1:8)

Deseci prekooceanskih
pokreta pod vodstvom
Dr. Jaerocka Leeja potresli
su svijet snagom Duha Svetoga

1 Festival čudesnih ozdravljenja
u Demokratskoj Republici Kongo
2 Pokret čudesnih ozdravljenja u Estoniji
3 Pokret za ujedinjenje u Izraelu
4 Pokret u New Yorku
5 Festival ozdravljenja u Njemačkoj
6 Festival čudesnih ozdravljenja u Rusiji
7 Festival molitve za čudesna ozdravljenja u Indiji

Diljem svijeta

2

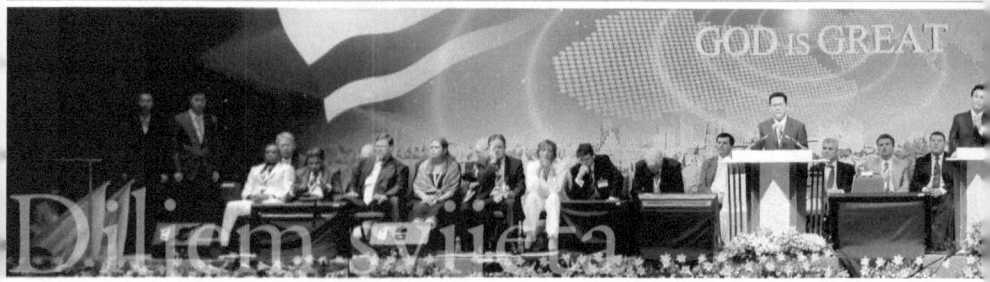

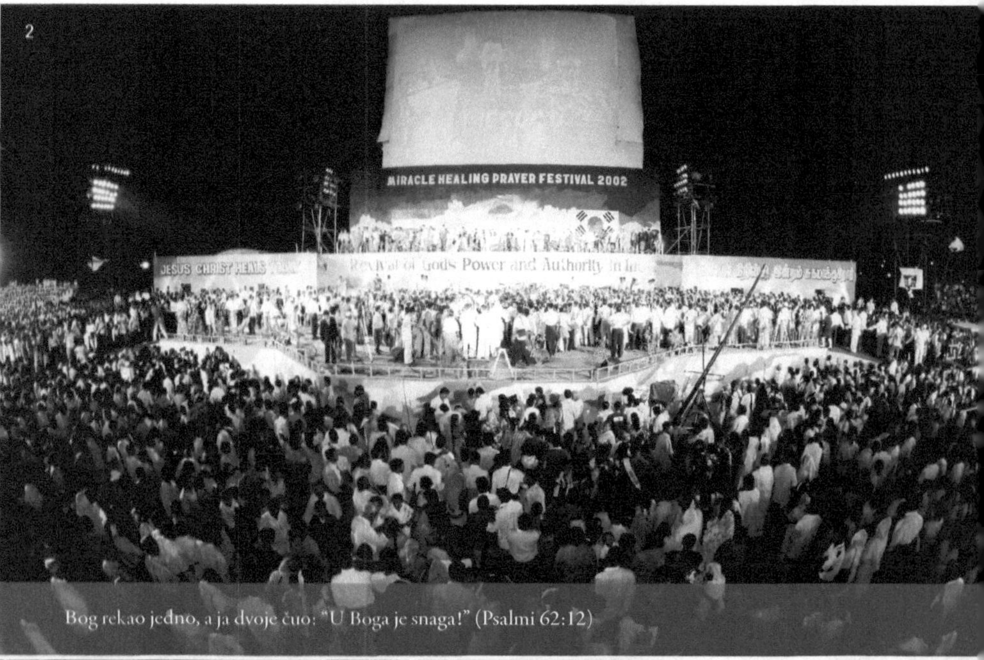

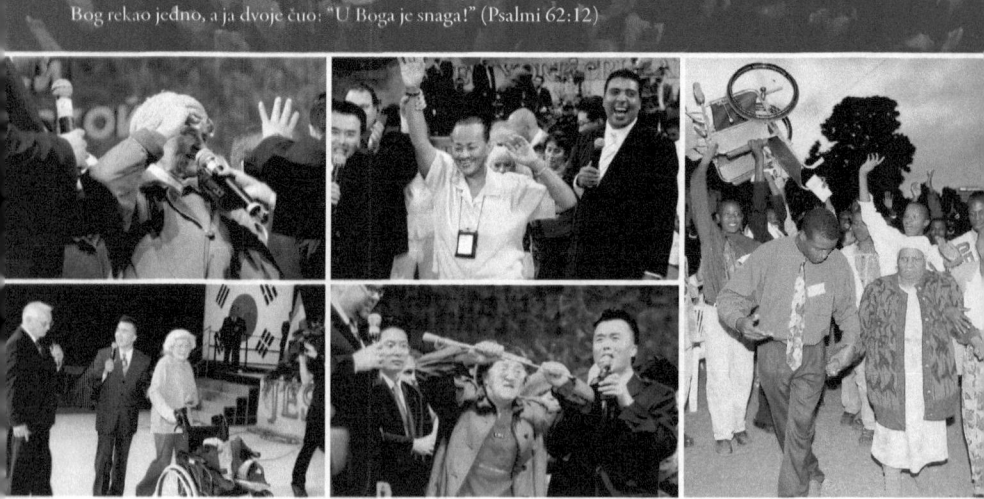

Bog rekao jedno, a ja dvoje čuo: "U Boga je snaga!" (Psalmi 62:12)

Deseci prekooceanskih
pokreta pod vodstvom
Dr. Jaerocka Leeja potresli
su svijet snagom Duha Svetoga

Preko Dr. Jaerocka Leeja, kojega Bog potvrđuje svojim prisustvom i snagom, čak i danas se zbivaju ozdravljenja biblijske vrste koja su jednostavno nemoguća ljudskom snagom. Na svakom prekooceanskom pokretu bezbrojni su ljudi primili Božje ozdravljenje neizlječivih i terminalnih bolesti, kao što su AIDS, tumori i tome slično na licu mjesta dok se Dr. Lee molio, i to ne tako da je položio ruke na svakog bolesnika, nego pukom molitvom za sve s propovjedaonice.

1 Pokret za ujedinjenje u Izraelu
2 Festival molitve za čudesna ozdravljenja u Indiji
3 2006. pozvao ga je predsjednik Demokratske Republike Kongo, Joseph Kabila

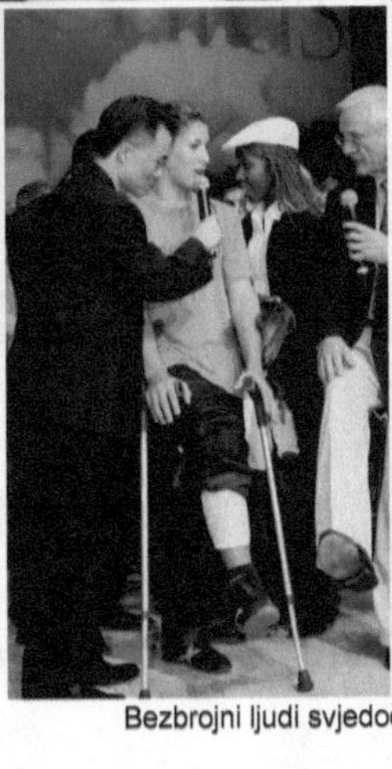

Bezbrojni ljudi svjedočili su čudesnim ozdravljenjima

Crkva Manmin Central Church

Zadaća crkve Manmin Central Church jest nacionalna evangelizacija i svjetska misija.

Od svibnju 2012. crkva Manmin ima 42 područnih crkava i 14 mjesnih svetišta u svim većim gradovima diljem Južne Koreje te otprilike 10.000 prekooceanskih područnih crkava u svim kutovima planeta. Svako misno slavlje u crkvi Manmin Central Church prenosi se uživo u njezinim područnim crkvama u Koreji i brojnim drugim zemljama putem satelita "NSS-6" (New Skies Satellites 6), ThaiCom 5, Galaxy 19, ABS 1 i GCN, a u ostatak svijeta putem interneta. Osim toga, crkva Manmin aktivno djeluje i u drugim područjima službe, uključujući i objavljivanje knjiga, novina i časopisa te organizaciju izvedbenih umjetnosti. Crkva Manmin također je preuzela vodstvo i u ostvarivanju svjetske misije, kao i u pripremanju za rad misije u Sjevernoj Koreji. Crkva Manmin Central Church također je dobila nalog da izgradi Veliko svetište, koje će služiti za veliko otkrivanje slave Božje.

1 Nastup za Uskrs
2 Obljetnica crkve
3 Orkestar Nissi

4 Ceremonija pokretanja GCN-a
5 Konferencija WCDN 2006.

"Ustani, zasini, jer svjetlost tvoja dolazi, nad tobom blista slava Jahvina." (Izaija 60:1)

PORUKA

KRIŽA

PORUKA
KRIŽA

Dr. Jaerocka Leeja

URIM
BOOKS

PORUKA KRIŽA autora Dr. Jaerocka Leeja

Izdavač: Urim Books (zastupnik: Seongkeon Vin)
235-3, Guro-dong3, Guro-gu, Seul, Koreja
www.urimbooks.com

Osim ako nije drukčije naznačeno, svi citati iz Svetog pisma preuzeti su iz Biblije Kršćanske sadašnjosti, Zagreb, 2008., * autorska prava, © prvo izdanje u vlastitoj nakladi izdavača Kršćanska sadašnjost, Zagreb, 2008. Odobreno korištenje.

Autorska prava © 2012.: Dr. Jaerock Lee
ISBN: 978-89-7557-595-2
Autorska prava na prijevod © 2011.: Dr. Esther K. Chung. Odobreno korištenje.

Prethodno na korejskom objavio Urim Books 2002.

Prvo izdanje u svibnju 2012.

Urednik: Dr. Geumsun Vin
Dizajn: Urednički ured izdavača Urim Books
Tisak: Yewon Printing Company
Za više informacija obratite nam se na: urimbook@hotmail.com

PREDGOVOR

U želji da razumijete Božje srce i Njegov veliki plan u ljubavi, polažem čvrste temelje Vaše vjere.

Poruka Križa dovela je brojne ljude na put spasenja od 1986. i pokazala bezbrojna djela Duha Svetoga tijekom mnogih prekooceanskih pokreta. I na koncu me je Bog Otac blagoslovio da je i objavim. Slava Mu i hvala!

Mnogi ljudi govore kako vjeruju u Boga Stvoritelja i kako poznaju ljubav Njegova Sina, Isusa Krista, ali nisu u stanju s vjerom naviještati evanđelje. Zapravo, vrlo je mali broj kršćana koji uistinu razumiju srce i providnost Božju. Nadalje, neki su se kršćani odijelili od Boga jer nisu dobili ni jasne odgovore na brojna pitanja iz Biblije niti razumiju tajanstvenu providnost Božje ljubavi.

Što biste Vi, na primjer, rekli da Vas upitaju sljedeća tri pitanja: "Zašto je Bog stavio stablo spoznaje dobra i zla i dopustio muškarcu da jede s tog stabla?" "Zašto je Bog stvorio pakao iako je žrtvovao svog Sina, Isusa Krista, za grješnike?" i "Zašto je Isus jedini Spasitelj?"

Ni ja tijekom nekoliko prvih godina svojeg kršćanskog života nisam mogao razumjeti Božju duboku providnost stvaranja i Njegovu tajnu providnost skrivenu u križu. Nakon što su me postavili za službenika evanđelja, počeo sam se pitati: "Kako da dovedem nebrojene ljude na put spasenja i kako da veličam Boga?" Sinulo mi je da bih trebao razumjeti sve Riječi iz Biblije, uključujući i odlomke koje je teško pojmiti preko Božjeg tumačenja i navještati ih diljem svijeta. Postio sam što sam češće mogao i molio sam za to. No, prošlo je sedam godina prije nego što mi je Bog počeo otkrivati značenja.

1985, dok sam usrdno molio, napunio sam se Duhom Svetim. On mi je počeo tumačiti tajnu providnost Božju koja je bila skrita. Bila je to "poruka križa." Navješćivao sam je tijekom svake nedjeljne jutarnje mise dvadeset i jedan tjedan. Audio kazete o "poruci križa" imale su utjecaja na nebrojene ljude u zemlji i inozemstvu. Gdjegod se navješćivala poruka križa, Duh Sveti bio je na djelu poput plamtećeg ognja. Mnogi su se pokajali za svoje grijehe i bili ozdravljeni od svojih bolesti i nemoći. Odbacili su sve dvojbe u providnost Božju i zadobili istinsku vjeru i vječni život. Do tada nisu dobro poznavali Boga i Njegovu duboku ljubav. Počeli su razumijevati Božji plan, upoznavati Ga i gajiti nadu u život vječni, sve putem ove poruke.

Ako ti je jasno zašto je Bog stavio stablo spoznaje dobra i zla u Edenski vrt, možeš još ozbiljnije razumjeti i Njegovu providnost za kultivaciju ljudi i ljubav Božju. Nadalje, poznajući istinsku svrhu svog života, moći ćeš se boriti protiv svojih grijeha u toj mjeri da ćeš biti spreman i krv svoju proliti, dati sve od sebe kako bi nalikovao srcu Gospodina našega, Isusa Krista, i biti vjeran Bogu sve do smrtnog časa.

Poruka Križa pokazat će ti tajnu Božju providnost skrivenu u križu i pomoći ti da položiš čvrste temelje za istinski i dobar kršćanski život. Stoga, svatko tko čita ovu knjigu, moći će razumjeti duboku Božju providnost i ljubav, imat će istinsku vjeru i vodit će kršćanski život na Bogu mio način.

Zahvaljujem Dr. Geumsun Vin, direktorici, i njezinom osoblju u Uredničkom uredu izdavačke kuće Urim Books, koji su nastojali objaviti ovo djelo.

Neka bezbrojni ljudi razumiju duboku providnost Božju, spoznaju Boga ljubavi i spase se kao prava djeca Božja — sve to molim u ime Gospodina našega, Isusa Krista!

Jaerock Lee

UVOD

Poruka Križa Božja je mudrost i snaga, ali i snažna poruka koju mora prigrliti svaki kršćanin diljem svijeta!

Slavim i hvalim Boga Oca, koji nam je omogućio da objavimo *Poruka Križa*. Toliki su članovi crkve Manmin diljem svijeta s radošću iščekivali njezino objavljivanje. Ova knjiga donosi jasne odgovore na mnoga pitanja, koja si postavljaju brojni kršćani: 'Kakav je bio Bog Stvoritelj prije početka?' 'Zašto je Bog stvorio čovjeka i dopustio mu da živi na Zemlji?' 'Zašto je Bog stavio stablo spoznaje dobra i zla u Edenski vrt?' 'Zašto je Bog poslao svog Sina Jedinorođenca kao otkupiteljsku žrtvu?' 'Zašto je Bog planirao providnost spasenja putem priprostog drvenog križa?' i mnoga druga pitanja.

Ova se knjiga sastoji od poruka napunjenih Duhom, koje navješćuje Dr. Jaerock Lee, i prosvjetljuje Vas da spoznate i razumijete duboku, široku i veliku ljubav Božju.

1. Poglavlje, "Bog Stvoritelj i Biblija," predstavlja Vam Boga i način Njegova djelovanja među vama. U ovom poglavlju pronaći ćete dokaz živoga Boga i spoznati istinitost Biblije u svjetlu povijesti čovječanstva. Štoviše, tu se dokazuje da je teorija

evolucije pogrešna, a da je istinito Božje stvaranje.

2. Poglavlje, "Bog stvara i kultivira čovjeka," svjedoči da je Bog stvorio sve u svemiru i da je oblikovao čovjeka prema samome sebi. Osim toga, ovo Vas poglavlje uči istinskom značenju ljudskog života i svrhe Njegova odgajanja ljudskih bića kao svoje prave duhovne djece.

3. Poglavlje, "Stablo spoznaje dobra i zla," donosi odgovore na temeljno pitanje svih kršćana: Zašto je Bog stavio stablo spoznaje dobra i zla? Ovo Vam poglavlje podrobno objašnjava razloge i pomaže Vam razumjeti duboku ljubav i tajanstvenu providnost Boga, koji kultivira ljudska bića na Zemlji.

4. Poglavlje, "Tajna skrivena prije početka vremena," objašnjava odnos između zakona otkupljivanja zemlje i duhovnog zakona ljudskog spasenja (Levitski zakonik 25). Ono također objašnjava da su svi ljudi morali ići putem smrti zbog svojih grijeha, ali da je Bog pripravio prekrasan put njihova spasenja još od prije početka vremena. Naposljetku, ono Vas uči zašto je Bog sakrio put ljudskog spasenja sve do trenutka kada je to sam odabrao objaviti te na koji način Isus ispunjava uvjete zakona otkupljivanja zemlje.

5. Poglavlje, "Zašto je Isus naš jedini Spasitelj?" objašnjava na koji je način Isus proveo u djelo Božji plan ljudskog spasenja, koji je bio skriven od početka vremena, razlog Njegova raspeća, blagoslove i prava djece Božje, značenje imena "Isus Krist," razlog zašto Bog nije dao drugoga imena pod nebom osim Isus Krist po kojemu se svi ljudi moraju spasiti i tako dalje. Osjetit ćete neizmjernu ljubav Božju ako shvatite duhovne implikacije poruke iz ovog poglavlja.

6. Poglavlje, **"Providnost križa,"** prosvjetljuje Vas dubokim značenjima Isusovih patnji. Zašto je Isus rođen među stadom stoke i polegnut u jaslice ako je On uistinu bio Sin Božji? Zašto je bio siromašan cijeli svoj život? Zašto je bio bičevan po cijelom tijelu, okrunjen trnjem i čavlima pribijen kroz ruke i stopala? Zašto je patio u toj mjeri da je prolio svu svoju krv i vodu?

Ovo Vam poglavlje donosi točne odgovore na takva pitanja i pomaže Vam razumjeti duhovne implikacije Njegovih patnji. Sve vrste bolesti i nemoći, kao i problem siromaštva, obiteljskog nesklada, poslovnih poteškoća i tako dalje riješit će Vaše razumijevanje i vjera u duhovno značenje Isusovih patnji. Ovo Vam poglavlje pomaže spoznati duboku ljubav Božju, kloniti se svakog zla i biti dionicima božanske prirode.

7. Poglavlje, **"Posljednjih sedam riječi Isusovih na križu,"** objašnjava duhovne implikacije Isusovih posljednjih sedam riječi na križu pred samu smrt. Putem tih posljednjih sedam riječi na križu On je ispunio svoje poslanje koju je dobio od svog Boga Oca. Ovo poglavlje naglašava da biste trebali razumjeti veliku Isusovu ljubav prema čovječanstvu, iščekivati Njegov drugi dolazak i voditi borbu za dobro do samoga kraja u nadi u uskrsnuće.

8. Poglavlje, "Prava vjera i život vječni," govori Vam da postajemo jedno s Isusom Kristom samo uz pravu vjeru. Biblija nas upozorava na neke koji govore kako vjeruju u Spasitelja Isusa Krista, ali koji ne mogu biti spašeni na Sudnji dan. Biblija naglašava ne samo priznavanje Isusa Krista, nego i jedenje tijela Sina Čovječjega i pijenje Njegove krvi u cilju postizanja vječnog spasenja. Možda imate pravu vjeru koja će Vas odvesti na put spasenja kada jedete Njegovo tijelo i pijete Njegovu krv. Ovo Vas poglavlje također uči i prirodi prave vjere, načinu njezina zadobivanja te svemu što biste trebali učiniti kako biste zadobili puno spasenje.

9. Poglavlje, "Roditi se od vode i Duha Svetoga," prvo spominje razgovor između Isusa i Nikodema. Tim riječima završava *Poruka Križa*. Vaše se srce mora neprestance obnavljati vodom i Duhom Svetim sve do povratka Isusa Krista i morate očuvati cijeli svoj duh, dušu i tijelo nedužnima sve do Drugog dolaska Isusa Krista, trenutka u kojemu će Vas Gospodin primiti kao svoju prekrasnu nevjestu.

10. Poglavlje, "Što je krivovjerje?" bavi se prirodom krivovjerja i raspravlja o negativnom i pogrešnom tumačenju koje mnogi kršćani imaju o tome. Danas mnogi ljudi bezobzirno pogrešno tumače ili krive snažna djela Božja kao krivovjerna ili pogrešna jer ne poznaju biblijsku definiciju krivovjerja. Ovo Vas poglavlje upozorava da ne biste smjeli ni kriviti niti proklinjati djela Duha Svetoga kao krivovjerna i objašnjava kako da razlikujete Duha istine od duha zablude te govori o nekim krivovjernim denominacijama. Naposljetku, ovo poglavlje naglašava da biste neprestance trebali biti budni i moliti i prebivati u istini kako ne biste pali u iskušenja duha zablude.

Apostol Pavao je o poruci križa, mudrosti Božjoj, u 1. Poslanici Korinćanima 1:18 rekao: *"Doista, govor o križu ludost je onima koji propadaju, ali nama, koji bivamo spašavani, sila je Božja."* Svatko može imati pravu vjeru, spoznati živoga Boga i živjeti kršćanskim životom punim plućima kada shvati tajnu skrivenu u križu i spozna duboku providnost velike Božje ljubavi prema čovječanstvu.

Poruka Križa osnovno je učenje Vašeg života. Stoga molim u ime našega Gospodina da položite temelje svom kršćanskom životu i zadobijete puno spasenje i život vječni.

Geumsun Vin,
Direktorica Uredničkog ureda

SADRŽAJ

Predgovor

Uvod

1. Poglavlje _ **Bog Stvoritelj i Biblija** • 1

- Bog je Stvoritelj
- Ja sam koji jesam
- Bog je Sveznajući i Svemogući
- Bog je autor Biblije
- Svaka riječ u Bibliji je istinita

2. Poglavlje _ **Bog stvara i kultivira čovjeka** • 21

- Bog stvara ljudska bića
- Zašto Bog kultivira ljudska bića?
- Bog razdvaja pšenicu od pljeve

3. Poglavlje _ **Stablo spoznaje dobra i zla** • 37

- Adam i Eva u Edenskom vrtu
- Adam nije poslušao svojom slobodnom voljom
- Plaća je grijeha smrt
- Zašto je Bog stavio stablo spoznaje dobra i zla
  u Edenski vrt?

4. Poglavlje _ **Tajna skrivena prije početka vremena** • 59

- Adamova vlast predana je đavlu
- Zakon otkupljivanja zemlje
- Tajna skrivena prije početka vremena
- Isus ispunjava uvjete prema zakonu

5. Poglavlje _ Zašto je Isus naš jedini Spasitelj? • 77

- Providnost spasenja putem Isusa Krista
- Zašto je Isus razapet na drveni križ?
- Nema drugoga imena na svijetu osim "Isus Krist"

6. Poglavlje _ Providnost križa • 95

- Rođen u štalici i položen u jaslice
- Isusov život u siromaštvu
- Bičevan i prolio svoju krv
- S trnovom krunom
- Isusove haljine i košulja
- Čavlima Mu probodene ruke i noge
- Isusove golijeni nisu prebijene, ali Mu je bok proboden kopljem

7. Poglavlje _ Posljednjih sedam riječi Isusovih na križu • 135

- Oče, oprosti im
- Danas ćeš biti sa mnom u raju
- Ženo, evo ti sina! Evo ti majke!
- *Eloi, Eloi, lama sabakthani?*
- Žedan sam
- Završeno je!
- Oče, u ruke tvoje povjeravam duh svoj

8. Poglavlje _ **Prava vjera i život vječni** • 161

- Koliko je duboka ta tajna!
- Lažno priznavanje vjere ne vodi k spasenju
- Tijelo i krv Sina Čovječjega
- Oproštenje samo ako hodite u svjetlu
- Vjera popraćena djelima je prava vjera

9. Poglavlje _ **Roditi se od vode i Duha Svetoga** • 207

- Nikodem dolazi k Isusu
- Isus pomaže Nikodemovu duhovnom razumijevanju
- Kad se rodimo od vode i Duha Svetoga
- Troje što svjedoči: Duh, voda i krv

10. Poglavlje _ **Što je krivovjerje?** • 221

- Biblijska definicija krivovjerja
- Duh istine i duh zablude

1. Poglavlje

BOG STVORITELJ I BIBLIJA

- Bog je Stvoritelj
- Ja sam koji jesam
- Bog je Sveznajući i Svemogući
- Bog je autor Biblije
- Svaka riječ u Bibliji je istinita

U početku stvori Bog nebo i zemlju.

Knjiga Postanka 1:1

Bog je Stvoritelj

Danas na svijetu postoje mnoge knjige, ali nijedna druga knjiga osim Biblije ne daje podrobne i jasne odgovore na pitanja o postanku i stvaranju svemira i o postanku i kraju ljudske vrste.

Biblija daje jasan odgovor na pitanje o postanku svemira i života. U Knjizi Postanka 1:1 stoji: *"U početku stvori Bog nebo i zemlju."* a u Poslanici Hebrejima 11:3 stoji: *"Vjerom doznajemo da je svijet bio stvoren Božjom riječju, tako da je vidljivo stvoreno od nevidljivoga."*

Nije sve vidljivo stvoreno od nečega što je već postojalo. Stvoreno je "ni iz čega" na Božju zapovijed.

Čovjek može stvoriti nešto od nečega što već postoji, i to pretvaranjem ili kombinacijom materijala koji već postoje kako bi stvorio nešto, ali on ne može stvoriti nešto ni iz čega.

Nezamislivo je da bi čovjek mogao stvoriti živi organizam. Čak i ako je znanstvenu tehnologiju unaprijedio do te mjere da stvori računala s umjetnom inteligencijom ili da klonira janjad, on ipak ne može stvoriti čak ni amebu ni iz čega.

Dakle, ljudi samo ekstrahiraju žive organizme iz onoga što nam je dao Bog i kombiniraju ih na različite načine. Morate znati da to nije ništa više od toga.

Pa onda biste trebali znati i to da samo Bog može stvoriti

nešto ni iz čega. Samo je Bog Stvoritelj stvorio svemir na svoju zapovijed i samo On upravlja cijelim svemirom, svjetskom poviješću, životom i smrću i blagoslovima i prokletstvima čovječanstva.

Dokaz koji Vas tjera da vjerujete u Boga Stvoritelja

Sve – kuću, stol pa čak i čavao – netko je dizajnirao. Ne mora se ni reći da onda mora postojati i dizajner ovog golemog svemira. Postoji neki vlasnik koji ga je stvorio i koji njime upravlja. To je Bog Stvoritelj, o kojemu Vam Biblija uvijek iznova govori.

Kad se osvrnete oko sebe, vidjet ćete brojne dokaze stvaranja. Jednostavan primjer je da razmotrite neizmjerni broj ljudi na zemlji. Bez obzira na rasu, životnu dob, spol, društveni status i tako dalje, svatko od njih ima dva oka, dva uha, jedan nos s dvjema nosnicama i jedna usta.

Pa iako se svaka životinja neznatno razlikuje od svoje vrste, ima istu strukturu lica. Primjerice, slon ima dugačak nos (surlu), ali se on nalazi posred njegova lica i iznad usta. Ne nalazi se iznad njegovih očiju, ispod usta ni na vrh njegove glave. Svaki slon ima dvije nosnice, dva oka, dva uha i jedna usta. Sve ptice u zraku, sve ribe u oceanu ili u rijeci, svi oni imaju istu strukturu.

I ne samo da svaka životinja ima istu strukturu lica, nego su i probavni i reproduktivni sustav svakog sisavca identični. Na isti takav način svatko od njih jede hranu svojim ustima i sve što uđe na usta ide u želudac i izlazi iz tijela. Svi se sisavci pare s drugim spolom i rađaju svoje potomke.

Kad sagledate sve ove očite čimbenike, ne možete uopće reći da je to slučajnost ili da je to dokaz evolucije uslijed "preživljavanja najboljih." Teorija evolucije ne može objasniti ništa od toga.

Stoga je činjenica da i ljudska bića i životinje imaju istu strukturu organa dostatna kao dokaz da je sve stvorio i dizajnirao Bog Stvoritelj. Da taj Bog nije jedini Bog, nego samo jedan od bogova, i ta bi stvorenja imala različit broj organa i različitu strukturu i položaje tijela.

Osim toga, kad bliže pogledate prirodu i svemir, u njima ćete pronaći još više dokaza stvaranja. Zar nije čudesno znati da sve u sunčevom sustavu, kao što je okretanje i rotacija zemlje, funkcionira bez i najmanje greške!

Pogledajte samo sat na svom zapešću. U njemu se nalazi veliki broj kompliciranih dijelova. I on neće raditi ako nedostaje čak i najmanji dio. Dakle, ovaj je svemir dizajniran kako bi funkcionirao prema Božjoj providnosti.

Primjerice, ni čovjek ni bilo koji drugi oblik života ne mogu postojati bez mjeseca koji se okreće oko zemlje. A mjesec ne bi mogao biti ni dalje ni bliže zemlji nego što je sada. Bog ga je postavio na ispravnu udaljenost kako bi čovjek mogao živjeti na zemlji.

Zbog sadašnjeg položaja mjeseca sila teže njegova privlačenja uzrokuje plimu i oseku mora. Plima, pak, izaziva talasanje i pročišćavanje mora. Slično tomu, i sve u svemiru je stvoreno kako bi se precizno pomicalo prema providnosti Božjoj.

Zašto neki ne vjeruju u Boga Stvoritelja?

Neki vjeruju u Boga Stvoritelja i žive prema Njegovoj riječi. Pa zašto onda ljudi, koji mogu rasuđivati i koji pokušavaju pronaći odgovore na sve u znanosti, ne vjeruju u Boga Stvoritelja?

Da ste još u djetinjstvu od vjernih kršćana naučili da je Bog živ i da je on Svemogući Stvoritelj, ne bi Vam bilo teško vjerovati u Boga Stvoritelja.

No, ipak, danas je na mnoge od vas utjecao evolucionizam još od mladosti i postoji toliko "znanja" koje nije nužno sve istinito. A i družite se s onima koji ne vjeruju u Boga ili koji sumnjaju u Njega.

Nakon što ste dobar dio života proveli u takvom okružju, ako i odete u crkvu da čujete Riječ Božju, često sumnjate i razdiru vas konflikti i ne možete vjerovati u Boga Stvoritelja jer je vaše prethodno znanje u oprečnosti s onim što ste naučili i čuli u školi.

Sve dok se ne oslobodite misli ili znanja koje ste naučili u svijetu, pa čak i ako redovito idete u crkvu, nećete imati duhovnu vjeru – vjeru koju je stvorio Bog – a koja je daleko od svake sumnje.

A bez duhovne vjere ne možete vjerovati u kraljevstvo nebesko ni u pakao. Vidljivi svijet smatrate jedinim svijetom i živite na svoj način.

Koliko puta čujete da su neke teorije, koje su u svoje doba bile prihvaćene i priznate, nakon toga opovrgnute i zamijenile su ih nove teorije? Čak i ako to nije slučaj, istina je da se konvencionalne teorije i tvrdnje kasnije neprestance revidiraju ili dopunjuju novopronađenim činjenicama.

Kako vrijeme prolazi i kako znanost napreduje, ljudi imaju sve bolja objašnjenja i teorije, čak i ako one nisu savršene. Ne bih rekao da su sva istraživanja mnogih znanstvenika pogrešna.

Još uvijek ima mnogo toga na ovoj zemlji što se ne može objasniti ljudskim sposobnostima tako da tu činjenicu jednostavno morate prihvatiti.

Primjerice, kad je riječ o svemiru, nikad niste otputovali u daleki svemir s druge strane zemlje niti ste se ikad vratili u drevna vremena. Međutim, ljudi pokušavaju objasniti svemir postavljajući različite hipoteze i teorije.

Prije nego što je čovjek stupio na mjesec, pretpostavljali smo sljedeće: "Moguće je da gore negdje ima još nekih živih organizama ili da ima organizama još negdje u ovom sunčevom sustavu izvan zemlje." No, nakon što je čovjek otputovao na mjesec, objavili smo: "Na njemu nema života." A danas znanstvenici govore: "Vjerojatno ima života na Marsu" ili "Ima tragova vode na Crvenoj planeti."

Čak i ako ste jako dugo istraživali i povećavali svoje znanje, ako ne poznajete volju, providnost i moć Boga Stvoritelja, suočavate se s ograničenjima ljudskih sposobnosti.

Stoga u Poslanici Rimljanima 1:20 stoji: *"Uistinu, što je na njemu nevidljivo, njegova vječna moć i Božanstvo, od stvaranja se svijeta, umom po stvorenjima promatrano, vidi – te nemaju isprike."*

Svatko tko otvori svoje srce i meditira, može osjetiti moć Božju i Njegovo Božanstvo putem stvorenja, kao što su sunce, mjesec i zvijezde – ono putem čega vam Bog omogućuje da spoznate Njegovo postojanje i da vjerujete u Njega.

Ja sam koji jesam

Kad čuju za Boga Stvoritelja, mnogi se pitaju: "Pa kako je On postojao na početku?" "Otkud je On došao?" ili "Kako je On izgledao?"

Ljudsko znanje i misao ne mogu prijeći određenu granicu, koja određuje da mora postojati početak i svršetak svih bića. Zato mi zahtijevamo jasne odgovore na takva pitanja. Međutim, Bog postoji onkraj ljudskog razumijevanja pa je On onaj "koji je bio," "koji jest" i "koji će doći."

U Knjizi Izlaska 3 opisan je prizor u kojemu je Bog zapovjedio Mojsiju da povede Izraelce u zemlju kanaansku. Mojsije je, pak, upitao Gospodina kako da odgovori Izraelcima ako ga budu pitali za ime Božje.

U tom je trenutku Bog rekao Mojsiju: *"JA SAM KOJI JESAM,"* i zapovjedio mu da kaže Izraelcima: *"JA JESAM posla me k vama."* (Knjiga Izlaska 3:14).

"JA JESAM" je fraza, kojom se Bog poslužio kao oznakom sebe samoga, a ona znači da Ga nitko nije rodio ni stvorio, nego da je On savršeno biće, sami Stvoritelj.

U početku Bog bijaše svjetlo s glasom

U Evanđelju po Ivanu 1:1 stoji: *"U početku bijaše Riječ, i Riječ bijaše kod Boga, i Riječ bijaše Bog."* Na taj način Bog, koji u početku bijaše Riječ, bio je biće koje je postajalo savršeno samo, a da Ga nitko nije stvorio. Kako i gdje je On postojao?

Bog je Duh pa je On bio u obliku Riječi u četvrtoj dimenziji, duhovnom kraljevstvu, a ne u trećoj dimenziji koja se vidi. Bog nije postojao ni u kakvom obliku doli kao duboko i prekrasno svjetlo s čistim i jasnim glasom i On je vladao cijelim svemirom.

Pa u Evanđelju po Ivanu 1:5 stoji: *"I svjetlo svijetli u tami, i tama ga ne obuze."* Taj redak ima duhovno značenje i izražava karakteristiku Boga, koji u početku bijaše bio svjetlo.

Bog Stvoritelj postojao je prije početka vremena, planirao je odgojiti svoju pravu duhovnu djecu i nastavio je to provoditi u djelo. Stoga, ako u potpunosti spoznate Boga kao JA JESAM, trebali biste raskrstiti sa svim svojim načinima razmišljanja, teorijama i stereotipima i trebali biste i dalje prihvaćati djelo stvaranja Božjega.

Za razliku od onoga što je Bog stvorio, ono što čovjek stvara ima svoje granice i mane. Kako znanje i civilizacija ljudskih bića neprestance napreduju, stvaraju se sve bolji proizvodi, ali oni i dalje imaju veliki broj nedostataka.

Neki prave kumire od zlata, srebra, bronce i metala i nazivaju ih bogovima pred kojima se klanjaju i koje mole za blagoslove. No, to su samo drveni, metalni ili kameni kipovi, koji ne dišu, ne govore, pa čak ni ne trepću očima (Habakuk 2:18-19).

Tvrdeći da su mudri, ljudi, zapravo, ne mogu istinski raspoznavati istinu od laži, nego radije prave kipove i nazivaju ih svojim bogovima koje štuju (Poslanica Rimljanima 1:22-25). Pa zar to nije budalasto i sramotno?

Pa onda, ako su ljudi štovali isprazne bogove i služili im zato što nisu poznavali pravoga Boga, trebali bi se temeljito za to pokajati, štovati Boga JA JESAM i vršiti svoje dužnosti kao Njegova djeca.

Bog je Sveznajući i Svemogući

Bog Stvoritelj, koji je stvorio cijeli svemir, savršeno je biće, koje je postojalo prije početka vremena, a On je Sveznajući i Svemogući. U Bibliji su zabilježena bezbrojna čudesa i znamenja, koja se ne mogu činiti uz pomoć moći i znanja čovječanstva.

Ta moćna djela Sveznajućeg i Svemogućeg Boga, koji je isti i jučer i danas, događala su se u doba Novog zavjeta, ali i u doba Starog zavjeta, putem mnogih ljudi Božjih koji su imali Njegovu moć.

A sve to zato što je Isus u Evanđelju po Ivanu 4:48 rekao: *"Ako ne vidite čudesnih znamenja, doista ne povjerujete"* – ljudi ne vjeruju osim ako ne vide djela Svemogućeg Boga.

Bog pokazuje prekrasna čudesa i znamenja

U Knjizi Izlaska podrobno je zabilježeno kako Sveznajući i Svemogući Bog čini prekrasna čudesa i znamenja preko Mojsija kada je izveo Izraelce iz Egipta u zemlju kanaansku.

Primjerice, kada je Bog poslao Mojsija faraonu, kralju Egipta, na njega i njegov narod je donio deset nedaća, učinio da Izraelci hodaju po suhoj zemlji tako što je razdvojio Crveno more i sunovratio užasnutu egipatsku vojsku u uzburkano more.

Čak i nakon izlaska, voda je počela istjecati iz stijene kad ju je Mojsije udario svojim štapom, gorka se voda pretvorila u slatku, a mana je padala s neba kako bi milijuni ljudi mogli živjeti bez brige za hranu.

I kasnije u Starom zavjetu vidimo kako Bog daje Iliji moć da prorokuje tri i pol godine suše, padanje kiše ponovno putem njegove molitve i ustajanje od mrtvih.

U Novom zavjetu vidimo Isusa, Sina Božjega, kako podiže Lazara, koji je bio mrtav već četiri dana, kako otvara oči slijepima i ozdravljuje mnoge od raznih bolesti, nemoći i zloduha. Hodao je po vodi i utišao vjetar i valove.

Bog je tako neobična čudesa činio i po Pavlu te se na bolesnike stavljalo rupce za znoj ili pregače što bi dotakli njegovo tijelo, pa bi se bolesti udaljavale od njih, a zli duhovi izlazili (Djela Apostolska 19:11-12). Brojna znamenja slijedila su i Petra, koji je bio jedan od ponajboljih Isusovih učenika. Ljudi su iznosili na ulice bolesnike te ih ostavljali na postelje i nosila, da barem sjena Petrova, dok je on prolazio, padne na nekoga od njih (Djela Apostolska 5:15).

Osim toga, Bog je činio čudesa i pokazivao znamenja i po Stjepanu i Filipu u Bibliji, a i dalje ih pokazuje čak i danas putem naše crkve.

Bog je autor Biblije

Bog je Duh, dakle, On je nevidljiv, ali se uvijek očitovao na više načina. Bog se općenito otkriva putem prirode, a posebice putem svjedočanstava ljudi koji su ozdravljeni i koji od Njega primaju odgovore. Također se očituje u pojedinosti i u Bibliji.

Stoga, putem Biblije, možete spoznati pravog Jedinog Boga, upoznati Ga i zadobiti spasenje i život vječni spoznajom Božjeg djela. Osim toga, svatko može živjeti uspješnim životom i slaviti Boga kad razumije Božje srce i shvati kako da Ga ljubi i kako da bude ljubljen od Njega (Druga Poslanica Timoteju 3:15-17).

Sveto pismo je nadahnuto Bogom

U Drugoj Petrovoj Poslanici 1:21 stoji: *"Jer, nikad neko proroštvo ne bi doneseno što je to neki čovjek htio, n*ego su ljudi, potaknuti od Duha Svetoga, rekli po nalogu Božjem,"* a u Drugoj Poslanici Timoteju 3:16 stoji: *"Svako Pismo nadahnuto je od Boga."*

To znači da je Biblija, od Knjige Postanka pa sve do Otkrivenja, Riječ Božja zapisana jedino voljom Božjom.

Stoga, postoje mnoge fraze tipa "Bog kaže," "GOSPODIN kaže" i "GOSPODIN Bog kaže." To samo potvrđuje da Biblija nije riječ ljudska, nego da je od Boga.

Biblija ima šezdeset i šest knjiga, i to trideset i devet knjiga Starog zavjeta i dvadeset i sedam knjiga Novog zavjeta. Broj pisaca procjenjuje se na 34. Razdoblje pisanja Biblije proteže se od 1500. pr.K. do 100. p.K. na otprilike 1.600 godina. Ono što je tu čudesno jest to što je Biblija, premda ju je zapisivao velik broj različitih autora, u svojoj cijelosti potpuno koherentna od početka do kraja, a svaki redak podudara se s drugim recima.

Tako u Izaiji 34:16 stoji: *"Istražujte u knjizi Jahvinoj i čitajte, nijedno od tog ne izosta, jer usta njegova tako narediše, i duh njegov njih sakupi."*

Takvo što se moglo dogoditi samo zato što je izvorni pisac Biblije Bog, zato što je Duh Sveti upravljao srcima pisaca i sakupio riječi. Ono što trebate zapamtiti jest to da su autori Biblije samo pisci iz sjene, koji su pisali u Božje ime, dok je izvorni pisac Biblije sami Bog.

Uzmimo jedan primjer. Pretpostavimo da postoji neka postarija majka koja živi na selu. Ona šalje pismo svom mlađem sinu, koji studira u gradu. Ona je nepismena tako da ona svoju poruku prenosi svom starijem sinu. Kada mlađi sin u gradu primi to pismo, on će pomisliti da mu to pismo šalje njegova majka, a ne da je to učinio njegov stariji brat, čak i ako je pismo uistinu napisao njegov brat. Isto je tako i s Biblijom.

Božje pismo ljubavi puno blagoslova i obećanja

Bibliju su napisali sluge Božje napunjeni Duhom Svetim kako bi otkrili samoga Boga. Morate vjerovati u činjenicu da je to Riječ vjernog Boga koji se kroz nju otkriva.

Riječ Božja je duh i život (Evanđelje po Ivanu 6:63) pa svatko tko je čuje i vjeruje u nju, zadobit će život vječni, a duša će mu zadobiti život u izobilju. Svatko tko vjeruje i slijedi Riječ Božju, uživat će u sretnom životu i bit će savršen čovjek Božji, na sliku

Isusa Krista.

Bog je u tijelu sišao na ovaj svijet kako bi se pokazao čovječanstvu, a to je tijelo bio Isus. Filip, Isusov učenik, nije to znao i tražio je od Isusa da mu pokaže Boga. Nije shvaćao da je sam Isus bio Božje utjelovljenje.

U Evanđelju po Ivanu 14:8 i u recima koji slijede donosi se razgovor između Filipa i Isusa:

> Filip mu reče: "Gospodine, pokaži nam Oca, i dosta nam je!" "Toliko sam vremena s vama – odgovori mu Isus – i nisi me upoznao, Filipe? Tko je vidio mene, vidio je Oca. Pa kako veliš: 'Pokaži nam Oca?' Zar ne vjeruješ da sam ja u Ocu, i da je Otac u meni? Riječi koje vam ja kažem ne govorim sam od sebe: Otac koji boravi u meni čini svoja djela." (Evanđelje po Ivanu 14:8-10).

No, premda je Isus pružio uvjerljiv dokaz da su On i Bog jedno čineći čudesa, koja bi bila nemoguća bez Božje moći, Filip je ipak htio da mu Isus pokaže Oca. Isus mu je rekao da vjeruje u Njegovo učenje na temelju dokaza samih čudesa.

Bog je sišao na ovaj svijet u tijelu kako bi se očitovao, a Bog je napisao i Bibliju jer inače nije uobičajeno da Ga ljudi vide ljudskim očima.

Stoga, možete imati blagoslove i odgovore koje Bog obećava u Bibliji ako imate dragocjenu uzajamnu povezanost sa živim Bogom putem Biblije, ako spoznate Njegovu volju i ako slijedite

Njegovu Riječ.

Svaka riječ u Bibliji je istinita

Povijesni dokumenti omogućuju Vam da saznate mnogo o ljudima ili događajima iz određenog razdoblja u povijesti. Povijest je prikaz promjene vremena i u pojedinosti Vas uči o specifičnim događajima, ljudima ili uvjetima života u to doba.

Povijest čovječanstva dokazala je da je Biblija istinita. I sami uviđate da je Biblija povijesna i realistična, posebice kad pobliže pogledate događaje, ljude, mjesta ili običaje zabilježene u Bibliji.

Budući da je Stari zavjet uistinu prenesen u nasljeđe na temelju objektivnih činjenica, kao što su važne ili nevažne informacije koje se događaju pojedincima, narodima ili skupinama iz vremena Adama i Eve, Izrael Stari zavjet smatra svetim i povijesnim dokumentom svoga naroda i nasljedstva sve do današnjih dana. Čak i mnogi povjesničari priznaju Bibliju kao pouzdan izvor.

Povijest dokazuje istinitost Biblije

Kao prvo, na temelju Biblije, htio bih s Vama podijeliti povijest Izraela i dokazati da je Božja Riječ u Bibliji istinita.

Adam, kao predak svih ljudskih bića, sagriješio je prema Bogu pa su svi njegovi potomci, sva ljudska bića, kasnije prošli svojim putom grijeha i živjeli ne poznajući Boga, svojeg Stvoritelja. Upravo je tada Bog odabrao jedan narod s ciljem da mu otkrije svoju volju i providnost.

Kao prvo, Bog je pozvao Abrahama, koji je imao najbolje "polje srca," pročistio ga i postavio ga za oca vjere. Abraham je bio otac Izakov, Izak otac Jakovljev, a Bog je Jakova nazvao "Izrael" i od njegovih dvanaest sinova načinio je dvanaest plemena.

Dok je Jakov bio živ, Bog ga je preselio u Egipat i omogućio mu da stvori narod umnažajući njegovo potomstvo te ih je naposljetku odveo u zemlju kanaansku.

Bog je Mojsiju dao Zakon tijekom njegova boravka u pustinji, obučio Izraelce da žive u skladu s Njegovom Riječju i vodio ih isključivo svojom Riječju.

Nakon što ih je doveo u zemlju kanaansku, oni su napredovali samo kad bi poštovali Zakon. No, kad je Izrael služio kumirima i počinjao zla djela, moć njegova naroda se smanjivala i trpio je napade drugih naroda. Izraelce su zarobljavali ili pretvarali u robove. Kad bi se pokajali, obnovili bi svoj narod. I taj se ciklus ponavljao uvijek iznova.

Dakle, Bog svim ljudskim bićima preko povijesti Izraela pokazuje da je Bog živ i da On svime upravlja svojom Riječju.

Također vidite i da su se ispunila proroštva iz Biblije ili da se i sada ispunjaju. Primjerice, u Evanđelju po Luki 19:43-44, Isus se osvrće na pad Jeruzalema i kaže:

Doći će na te dani kad će te tvoji neprijatelji opasati opkopom, opkoliti te i pritijesniti sa svih strana. Sravnit će sa zemljom i tebe i tvoju djecu u tebi. Neće ostati u tebi ni kamen na kamenu, jer nisi priznao vrijeme milosti.

U tim recima Isus želi reći kako će grad Jeruzalem biti razoren zbog svoje sve veće nevaljalosti. To se proroštvo ispunilo 70. godine p.K., kad je general Tit iz Rimskog carstva naredio da njegova vojska sagradi opkop oko Jeruzalema, da ga opkoli i da poubija mnoštvo unutar zidina. To se dogodilo svega četrdeset godina nakon Isusova proroštva.

U Evanđelju po Mateju 24:32 Isus kaže: *"Naučite ovu usporedbu od smokve! Čim joj granje postane nježno i potjera lišće, znajte da je ljeto blizu."* Ovdje smokva simbolizira narod Izraelov, a ova nas usporedba uči da će Izrael postati neovisnim kad se približi Isusov drugi dolazak. Naposljetku, povijest svjedoči da se ispunila i ova Riječ Božja kad se Izrael, koji je pao 70. godine p.K., na čudesan način ponovno uspostavio 14. svibnja 1948.—1900 godina nakon svojeg razaranja.

Proroštvo iz Starog zavjeta i njegovo ispunjenje u Novom zavjetu

Ja svjedočim da je Riječ Božja u Bibliji istinita jer sam proučio način na koji se ispunilo proroštvo iz Starog zavjeta tijekom doba Novog zavjeta.

Zakon Starog zavjeta nije bio savršen način "postajanja pravom djecom Božjom." Bila je to samo sjena Božjeg očitovanja. Upravo zbog toga Bog obećava dolazak Mesije u cijelom Starom zavjetu. I, kad je vrijeme došlo, On je poslao svoga Sina, Isusa

Krista, na ovaj svijet kako bi ispunio svoje obećanje.

Jasno je da je Isus došao na zemlju otprilike prije 2.000 godina. Zapadna povijest podijeljena je jasno na dvije polovice, već prema Isusovu rođenju. "pr.K." znači prije Krista, i označava povijest prije Isusovog doba, dok "p.K." znači poslije Krista, "u godini našeg Gospodina." Čak i sama povijest svjedoči o Isusovu rođenju.

Pogledajmo Knjigu Postanka 3:15:

Neprijateljstvo ja zamećem između tebe i žene, između roda tvojega i roda njezina: on će ti glavu satirati, a ti ćeš mu vrebati petu.

Proroštvo iz ovog retka kaže da će naš Spasitelj, kao ženin rod, doći i uništiti autoritet smrti. "Žena" se u ovom odlomku odnosi na Izrael. Zapravo, Isus je na zemlju došao kao sin Josipov, koji je pripadao plemenu Judinu Izraelskom (Evanđelje po Luki 1:26-32).

U Izaiji 7:14 stoji: *"Zato, sam će vam Gospodin dati znak: evo, začet će djevica i roditi sina i nadjenut će mu ime Emanuel."*

To znači da će biti poslan Sin Božji kako bi otkupio grijehe ljudskog roda začećem po Duhu Svetomu. I uistinu, Isusa je rodila Djevica Marija po Duhu Svetomu (Evanđelje po Mateju 1:18-25).

Daljnje proroštvo glasi da će se Isus roditi u okolici Betlehema, kao što stoji u Miheju 5:2:

A ti, Betleheme Efrato, najmanji među kneževstvima Judinim, iz tebe će mi izaći onaj koji će vladati Izraelom; njegov je iskon od davnina, od vječnih vremena.

Ispunjavajući Riječ, Isus se rodio u Betlehemu, Judeji, za vrijeme kralja Heroda. Čak i povijest to potvrđuje.

Pokolj nevine dječice od strane kralja Heroda u doba Isusova rođenja (Jeremija 31:15; Evanđelje po Mateju 2:16), Isusov ulazak u Jeruzalem (Zaharija 9:9; Evanđelje po Mateju 21:1-11) i Isusovo uzašašće na nebesa (Psalmi 16:10; Djela Apostolska 1:9) – sve su to proroštva i njihova ispunjenja.

Osim toga, prorokovano je i ispunjeno i to da će Juda Iškariotski, koji je slijedio Isusa tri godine (Psalmi 41:9), izdati Isusa za trideset srebrnjaka (Zaharija 11:12).

Dakle, možete vjerovati da je Biblija istinita te da je to uistinu riječ Božja, posebice kada vidite da su sva proroštva iz Starog zavjeta ispunjena kako je rečeno.

Proroštva iz Biblije koja se tek trebaju ispuniti

Bog je učinio Isusa Krista našim Spasiteljem ispunjajući proroštva iz Starog zavjeta tijekom doba Novog zavjeta. Svako proroštvo o Isusu, tijeku povijesti Izraela i povijesti čovječanstva ispunjeno je bez ijedne greške. Pažljivo proučavanje svjetske povijesti dovodi do zaključka da su se ispunile i da će se tek ispuniti sve proročke riječi iz Biblije.

Proroci i iz doba Starog zavjeta i iz doba Novog zavjeta

prorokovali su uspon i pad svjetske moći, razaranje i ponovno građenje Jeruzalema i budućnost mnogih važnih osoba. Mnoga proroštva iz Biblije ispunjena su i tek se sada ispunjaju, a ljudi će tek vidjeti Isusov drugi dolazak, ushit, tisućljetno kraljevstvo i Sudnji dan Velikog bijelog prijestolja. Naš Gospodin sad vam pripravlja mjesto kao što je i obećao (Evanđelje po Ivanu 14:2) i ubrzo će vas uzeti na vječno mjesto.

Naš svijet danas pati od gladi, zemljotresa, nenormalnog vremena i kolosalnih nezgoda. Ne biste to smjeli smatrati slučajnošću, nego biste, zapravo, trebali shvatiti da se približava Isusov drugi dolazak (Evanđelje po Mateju 24:3-14). Trebali biste zadobiti potpuno spasenje time što ćete biti budni i ukrasiti sebe kao nevjestu.

2. Poglavlje

Bog stvara i kultivira čovjeka

- Bog stvara ljudska bića
- Zašto Bog kultivira ljudska bića?
- Bog razdvaja pšenicu od pljeve

*Na svoju sliku stvori Bog čovjeka,
na sliku Božju on ga stvori, muško i
žensko stvori ih. I blagoslovi ih Bog
i reče im: "Plodite se, i množite, i
napunite zemlju, i sebi je podložite!
Vladajte ribama u moru i pticama
u zraku i svim živim stvorovima što
puze po zemlji!"*

Knjiga Postanka 1:27-28

Barem ćete se jednom u životu zapitati najosnovnija pitanja, kao što su postanak, cilj, svrha i smisao života. A tada ćete pokušati dobiti odgovore. Mnogi ljudi isprobavaju različite metode kako bi riješili te probleme, ali umiru, a da pritom nisu doznali prave odgovore.

Svjetski poznati mudraci, poput Konfucija, Buddhe ili Sokrata, također su nastojali dobiti te temeljne odgovore. Konfucije se usredotočio na moral, kojim je naglašavao da se savršena vrlina smatra etičkim idealom, i imao je mnogo učenika. Buddha je dugo vremena vršio pokoru kako bi se izbavio iz ovosvjetske egzistencije. Sokrat je tražio istinu na vlastiti način i nastojao je pronaći pravo znanje.

Međutim, nijedan od njih nije uspio pronaći trajno, temeljno rješenje, dosegnuti nepatvorenu istinu, ni zadobiti život vječni. A razlog tomu je taj što je istina, skrivena prije stvaranja svijeta, nešto duhovno, što je oku nevidljivo i ruci neopipljivo. Ne možete pronaći jasne odgovore o životu dok ne razumijete providnost Boga Stvoritelja o kultivaciji ljudi.

Bog stvara ljudska bića

Neizmjerno je tajanstven razvoj organa i stanica i tkiva čovječjeg tijela. Bog, koji je stvorio čovjeka na taj način, želi dobiti pravu djecu s kojima može dijeliti ljubav zauvijek. U tu svrhu Bog je stvorio čovjeka na svoju sliku i sebi sličnoga i kultivirao je čovjeka i pripravljao ga za nebesa.

Pa onda, kako je Bog stvorio sve u svemiru i oblikovao čovjeka?

Šestodnevno stvaranje Božje

U Knjizi Postanka 1 dobro je opisan proces tijekom kojega je Bog stvorio nebo i zemlju za šest dana. Bog je rekao: *"Neka bude svjetlost!"* i bi svjetlost (Knjiga Postanka 1:3). Potom je rekao: *"Vode pod nebom neka se skupe na jedno mjesto i neka se pokaže kopno!"* i znamo da je tako i bilo (Knjiga Postanka 1:9). I tako dalje.

Kao što stoji u Poslanici Hebrejima 11:3: *"Vjerom doznajemo da je svijet bio stvoren Božjom riječju, tako da je vidljivo stvoreno od nevidljivoga,"* Bog je cijeli svemir stvorio svojom Riječju.

Prvoga dana Bog je stvorio svjetlost, a drugoga dana stvorio je nebeski svod. Trećega dana, kada je Bog rekao: *"Vode pod nebom neka se skupe na jedno mjesto i neka se pokaže kopno!"* (isto ondje 9), i bijaše tako i Bog kopno prozva zemljom, a skupljene vode mora. Potom je Bog rekao: *"Neka proklija zemlja zelenilom – travom sjemenitom, stablima plodonosnim, koja, svako prema svojoj vrsti, na zemlji donose plod što u sebi nosi svoje sjeme.* " (isto ondje 11), i zemlja proklija zelenilom, stablima plodonosnim, koja, svako prema svojoj vrsti, na zemlji donose plod što u sebi nosi svoje sjeme. Četvrtog je dana On stvorio sunce, mjesec i zvijezde na nebeskom svodu te dao da sunce vlada danom, a mjesec noću. Petog je dana On stvorio morske grdosije i svakovrsne žive stvorove što mile i vrve vodom i ptice krilate svake vrste. Šestog je dana On stvorio stoku, gmizavce i zvjerad svake vrste.

Čovjek stvoren na sliku Božju

Bog Stvoritelj je za šest dana pripravio okružje u kojemu čovjek može živjeti, a potom je stvorio čovjeka na svoju sliku. Blagoslovio je čovjeka kao gospodara svih stvorenja i rekao mu da ih sebi podloži i da njima vlada.

Na svoju sliku stvori Bog čovjeka, na sliku Božju on ga stvori, muško i žensko stvori ih. I blagoslovi ih Bog i reče im: "Plodite se, i množite, i napunite zemlju, i sebi je podložite! Vladajte ribama u moru i pticama u zraku i svim živim stvorovima što puze po zemlji!" (Knjiga Postanka 1:27-28).

Pa kako je onda Bog oblikovao čovjeka?

Jahve, Bog, napravi čovjeka od praha zemaljskog i u

nosnice mu udahne dah života. Tako postane čovjek živa duša (Knjiga Postanka 2:7).

U ovom se retku prah zemaljski odnosi na glinu. Vješti grnčar, pomoću kvalitetne gline, pravi porculan sa seladnonskom glazurom ili bijeli porculan velike novčane vrijednosti. Tome nasuprot, neki grnčari prave lonce bez glazure, krovni crijep ili opeke.

Vrijednost komada lončarske robe uglavnom ovisi o tome tko ga je napravio, koliko je vješto napravljen, koja se vrsta gline koristila i koja je to vrsta lonca. Kad je Svemogući Stvoritelj stvorio čovjeka na svoju sliku, kako li je to samo prelijepo napravio?

Nakon što je stvorio čovjeka na svoju sliku od praha zemaljskog, Bog mu je u nosnice udahnuo dah života, živu energiju. Tako je čovjek postao živa duša. Dah života je snaga, moć, energija i duh Božji.

Bog udiše dah života u čovjeka

Ako razmislite o procesu zračenja fluorescentnog svjetla, lakše ćete razumjeti proces kojim je čovjek stvoren kao živi duh. Ako želite učiniti da fluorescentno svjetlo zrači, prvo morate pripremiti dobro proizvedeno svjetlo, a onda ga morate uključiti. Međutim, ono ne može zračiti sve dok ne uključite struju.

I televizor u Vašem stanu funkcionira na isti način. Nećete vidjeti ništa na ekranu prije nego što ga uključite, ali kad ga jednom uključite, vidite raznovrsne slike i čujete zvukove. Dakle, slike mogu postati vidljive na ekranu jednostavnim uključivanjem televizora. Međutim, unutar samog uređaja komplicirani dijelovi sastavljeni su na vrlo složen način.

Slično tomu, Bog nije stvorio samo oblik čovjeka, nego i njegove unutarnje organe i kosti u njemu od praha zemaljskog. Napravio je i žile, kroz koje protječe krv, i živčani sustav, koji savršeno ispunjava svoju funkciju.

Božja moć može pretvoriti prah zemaljski u nježnu kožu ako i kad On to poželi. Baš kao što struja protječe kroz vodove, i On je udahnuo dah života u čovjeka. Smjesta potom u njemu je počela cirkulirati krv, a on je mogao disati i kretati se.

Povrh toga, budući da je Bog napravio i jedinice pamćenja u moždanim stanicama ljudi, ljudi poimaju i pamte ono što čuju i osjete u moždanim stanicama. Ono što je pojmljeno i zapamćeno postaje znanjem, a znanje se reproducira u vidu misli. Kad upotrebljavate znanje koje ste u životu pohranili, to se naziva mudrošću.

Ljudska bića, premda obična stvorenja, povećala su svoju mudrost i znanje i razvila su vrlo složenu znanstvenu civilizaciju. Danas oni istražuju svemir i proizvode računala, u koja pohranjuju silne informacije ili ih reproduciraju, te tako izvlače veliku korist od računala, baš kao što je i Bog stvorio jedinice pamćenja u moždanim stanicama. Čak su dotle napredovali da danas proizvode računala s umjetnom inteligencijom, koja prepoznaju slova ili glasove i koja mogu komunicirati s drugima. A to će se još više razvijati kako vrijeme bude prolazilo.

Pa koliko mora da je bilo lakše Svemoćnom Bogu Stvoritelju da napravi čovjeka od praha zemaljskog i da mu udahne duh života kako bi ga oživio u ljudsko biće! To je vrlo lako Bogu, koji može napraviti nešto ni iz čega, ali je to nešto čovjeku toliko čudesno i predivno (Psalmi 139:13-14).

Zašto Bog kultivira ljudska bića?

Isus nas uči Božjoj providnosti putem brojnih usporedbi. Budući da se duhovno kraljevstvo ne može razumjeti ljudskim znanjem, On se u svojim usporedbama koristio ovozemaljskim stvarima kako bi Ga ljudi mogli razumjeti.

Mnoge od tih usporedaba bave se kultivacijom. Primjerice, tu je usporedba o sijaču (Evanđelje po Mateju 13:3-23; Evanđelje po Marku 4:3-20; Evanđelje po Luki 8:4-15), usporedba o gorušičinom sjemenu (Evanđelje po Mateju 13:31-32; Evanđelje po Marku 4:30-32; Evanđelje po Luki 13:18-19), usporedba o ljulju (Evanđelje po Mateju 13:24-30, 36-43), usporedba o vinogradu (Evanđelje po Mateju 20:1-16) i usporedba o vinogradarima ubojicama (Evanđelje po Mateju 21:33-41; Evanđelje po Marku 12:1-9; Evanđelje po Luki 20:9-16).

Te nam usporedbe pokazuju da, baš kao što poljodjelci čiste zemlju od korova, siju sjeme, kultiviraju ga i žanju žetvu, tako i Bog stvara i kultivira ljudska bića na zemlji i razdvojit će zrno od pljeve.

Bog želi dijeliti pravu ljubav sa svojom djecom

Bog nije samo božanstven nego i human. Božanstvo je moć

Svemogućeg i Sveprisutnog Boga Stvoritelja, a humanost je čovjekov um. Tako je Bog stvorio i vlada nad svim svemirom, ljudskom poviješću i životima. I On osjeća radost, gnjev, žalost i ugodu, i želi dijeliti ljubav sa svojom djecom.

Biblija nam pokazuje toliko puta da sam Bog ima osobnost poput ljudskih bića – Bog se veseli i blagoslivlja čovjeka kad on, stvoren na sliku Božju, čini ono što je ispravno, ali On jadikuje i urliče u gnjevu kad čovjek počinja grijehe. Božja želja da razgovara sa svojom djecom i da im dadne samo dobro često se izražava u Riječi Božjoj.

Da je Bog imao samo božanska svojstva, On se ne bi morao odmarati nakon šestodnevnog stvaranja svemira, i zacijelo ne bi htio biti u uzajamnom zajedništvu s nama kada kaže: *"Bez prestanka molite"* (Prva Poslanica Solunjanima 5:17), *"Zazovi me, i odazvat ću ti se i objavit ću ti velike i nedokučive tajne o kojima ništa ne znaš"* (Jeremija 33:3).

Ponekad želite biti sami, ali ste možda sretniji kad ste s prijateljem istomišljenikom, koji s Vama može podijeliti svoju ljubav. Slično tomu, i Bog je stvorio čovjeka na svoju sliku jer i On želi svoju ljubav s nekime podijeliti. On kultivira ljudski duh na ovoj zemlji jer želi dobiti pravu svoju djecu, koja razumiju Njegovo srce i koja Ga svim srcem ljube.

Bog želi djecu poslušnu po slobodnoj volji

Možda se neki pitaju zašto je Bog stvorio ljudska bića i zašto ih odgaja iako ima toliko poslušnih anđela i nebeskih domaćina na nebu. No, većina anđela nema ljudska svojstva, koja su najvažnija za dijeljenje ljubavi. Drugim riječima, oni nemaju slobodnu volju da sami odaberu. Oni slušaju zapovijedi poput robota, ali ne mogu osjetiti radost, gnjev, žalost ili ugodu u onoj mjeri u kojoj to ljudska bića mogu. Stoga oni ne mogu dijeliti ljubav s Bogom iz dubine svojih srca.

Pretpostavimo, primjerice, da imate dvoje djece. Jedno od njih samo izvršava vaše naredbe, a da pritom ne iskazuje nikakve osjećaje, mišljenja ni ljubav, baš poput dobro programiranog robota. Drugo Vas ponekad zna povrijediti, ali ubrzo požali zbog svojih djela, slatko se prilijepi za Vas i na toliko mnogo načina izražava što mu je na srcu. Pa koje ćete voljeti više? Naravno da ćete više voljeti drugo dijete.

Pretpostavimo da imate robota koji kuha, čisti kuću i služi Vam. Čak ni tada ne volite tog robota više od svoje djece. Bez obzira koliko naporno robot za Vas radio i bez obzira na to od kolike je on možda pomoći, on ne može zauzeti mjesto Vaše djece.

Slično tomu, i Bog daje prednost ljudskim bićima, koji su Mu poslušni s radošću po svojoj slobodnoj volji s razumom i osjećajima, pred anđelima i nebesnicima, koji se ponašaju poput robota programiranih na poslušnost. On ljudskim bićima daje slobodnu volju i svoju Riječ. Onda ih On uči što je dobro, a što je zlo i koji je put spasenja ili smrti. Strpljivo čeka dok oni ne postanu Njegova prava djeca.

Božja kultivacija ljudi s roditeljskom privrženošću

Zapisano je u Knjizi Postanka 6:5-6: *"Vidje Jahve kako je*

čovjekova pokvarenost na zemlji velika i kako je svaka pomisao u njegovoj pameti uvijek samo zloća. Jahve se pokaja i u svom srcu ražalosti što je načinio čovjeka na zemlji. "

Znači li to da Bogu nije bila poznata ova činjenica kad je stvarao čovjeka? On je, bez ikakve dvojbe, to znao. Bog je Svemogući i Sveznajući tako da je On znao sve još prije početka vremena. Pa ipak je, unatoč tome, stvorio čovjeka i otad ga kultivira.

Ako ste roditelj, moguće je da ovo lakše možete razumjeti. Koliko je samo teško roditi djecu i odgajati ih! Dok je žena trudna, tijekom devet mjeseci prate je brojne vrste bolova, poput mučnina. U trenutku poroda majku prati silna bol. Kako bi nahranili, obukli i podučili svoju djecu, roditelji poduzimaju velike napore i naporno rade dan i noć. Kad se djeca kasno vrate kući, njihovi roditelji su zabrinuti za njih. Kad se razbole, njihovi roditelji osjećaju veću bol od svoje djece.

Pa zašto roditelji odgajaju svoju djecu unatoč svim tim bolima i naporima? Razlog tomu jest taj da roditelji žele nekoga s kime mogu podijeliti svoju ljubav, naime, nekoga tko može osjetiti roditeljsku ljubav i svim srcem ljubiti svoje roditelje. Za roditelje čak i takvi bolovi predstavljaju sreću. Nadalje, ako djeca liče na svoje roditelje, koliko su samo dražesna! Naravno da ne mogu sva djeca biti odana svojim roditeljima. Neka djeca ljube i poštuju svoje roditelje dok ih druga žale.

Slično tomu, poznajući sve boli u odgoju djece, roditelji ipak to ne smatraju bolima. Umjesto toga, oni poduzimaju silne napore kako bi dočekali kad će njihova djeca odrasti u dobre ljude, njima na radost. Isto tako, i Bog je znao da će ljudska bića biti neposlušna, postati korumpirana i prouzročiti tugu, ali je On isto tako znao da će biti i one prave Njegove djece, koja će s Njim dijeliti ljubav. Tako je Bog stvorio ljudska bića i svojom ih voljom odgaja.

Bog želi da Ga Njegova prava djeca slave

Bog kultivira ljudski duh na ovoj zemlji ne samo kako bi dobio pravu djecu, nego i zato da bi Ga ona slavila. Bog prima slavu od velike vojske anđela i nebesnika još od davnina. Međutim, ono što On uistinu želi je da Ga slave Njegova kultivirana, prava djeca, i to iz dubine svoga srca.

U Izaiji 43:7 Bog kaže: *"Sve koji se mojim zovu imenom, i koje sam na svoju slavu stvorio, koje sam sazdao i načinio,"* a u Prvoj poslanici Korinćanima 10:31 upućuje nas: *"Prema tome, bilo da jedete, bilo da pijete, bilo da što drugo činite, sve činite na slavu Božju."*

Bog je Stvoritelj, Ljubav i Pravda. On je žrtvovao svog Sina Jedinorođenca kako bi nas spasio i pripravio nam je nebesa i život vječni. On je više nego zavrijedio da Ga se slavi. Osim toga, On želi uzvratiti slavom onome tko Njega slavi.

Stoga biste trebali postati pravom djecom Božjom, koja mogu s Njim podijeliti ljubav zauvijek jer razumiju zašto Bog želi da Ga slave Njegova duhovno kultivirana djeca.

Bog razdvaja pšenicu od pljeve

Poljodjelci kultiviraju zemlju jer žele požnjete usjeve u obilju. I Bog kultivira ljudski duh na zemlji kako bi dobio svoju pravu djecu, koja ne samo da Ga ljube i slave svim srcem, nego i vječno dijele s Njim ljubav na nebu.

Tijekom žetve uvijek ima i zrna pšenice i pljeve pa poljodjelci razdvajaju pšenicu od pljeve, skupljaju pšenicu u svoje žitnice, a ognjem spaljuju pljevu. Isto će tako i Bog razdvojiti pšenicu od pljeve na svršetku kultivacije ljudskog duha:

> *Vijača mu u ruci. I, očistit će svoje ovršeno žito; skupit će svoju pšenicu u žitnicu, a pljevu će sažeći ognjem neugasivim. (Evanđelje po Mateju 3:12).*

Stoga morate čvrsto vjerovati da Bog kultivira ljudski duh na zemlji i da će, sve u svoje vrijeme, sakupiti pšenicu – svoju pravu djecu – u raj za vječni život, a sažeći pljevu neugasivim ognjem pakla.

Pa hajdemo se malo podrobnije pozabaviti time koja vrsta ljudi je pšenica, a koja pljeva u Božjim očima i kakva su to mjesta raj i pakao.

Pšenica i pljeva

Pšenica simbolizira one koji priznaju Isusa Krista, koji žive u istini i dijele ljubav s Bogom. To su djeca svjetla, koja obnavljaju izgubljenu sliku Božju i čine sve što Bog zapovijeda.

Tome nasuprot, pljeva predstavlja one koji ne priznaju Isusa Krista ili one koji tvrde da vjeruju u Njega, ali ne žive po Božjoj Riječi, nego slijede svoje vlastite zle želje.

U Prvoj Poslanici Timoteju 2:4 naš je Bog opisan kao onaj koji *"hoće da sve ljude spasi i da dođu do spoznaje istine."* To znači da Bog želi da svi ljudi budu pšenica i da uđu u kraljevstvo nebesko. Bog na mnogo načina pokušava da Vi to shvatite i da Vas odvede na put spasenja. Međutim, neki se ogrješuju o Božju volju i providnost u skladu sa svojom vlastitom slobodnom voljom. Ti ljudi nisu ništa bolji od zvijeri pred Bogom jer su izgubili ljudske vrednote.

Poljodjelci ognjem sažižu pljevu ili je koriste kao gnojivo jer, ako skupe i pšenicu i pljevu u žitnicu, pšenica će istruliti. Zato ni Bog neće pripustiti pljevu u kraljevstvo nebesko, u kojemu će biti pšenica. Za razliku od životinja, čovjek ima vječni duh jer je Bog u njega udahnuo dah života kada ga je stvorio. Dakle, Bog ne može uništiti pljevu niti joj dopustiti da bude ništa.

Bog će neizbježno skupiti pšenicu u raju i dati joj da uživa u vječnoj sreći, a sažeći se pljevu ognjem neugasivim u paklu u vijeke vjekova. Zato morate tu činjenicu imati na umu kako ne biste bili bačeni u pakleni oganj.

Ljepota raja i užas pakla

S jedne strane, raj je prekrasan da bi se mogao usporediti s bilo čime na ovom svijetu. Primjerice, cvijeće na ovom svijetu prebrzo vene, ali cvijeće u raju niti ne vene niti ne opada jer je u raju sve vječno. Ceste su načinjene od čistog zlata, koje je bistro poput stakla, Rijeka života sjaji kao da kroz nju protječu čisti kristali, a kuće su načinjene od svakovrsnog blistavog dragog kamenja. Sve je toliko lijepo da možete zanijemiti (vidi *Raj I i II*).

S druge strane, u paklu ni crvi ne umiru, a ni oganj se ne trne. Ondje će svatko biti vatrom soljen (Evanđelje po Marku 9:48-49). Štoviše, u paklu se nalazi sumporno jezero koje je sedam puta toplije od ognjenog jezera (Otkrivenje 20:10, 15). Nespašeni ljudi moraju vječno živjeti u jezeru neugasivog ognja ili u jezeru plamtećeg sumpora. Koliko je samo užasno i stravično vječno živjeti ondje (vidi *Pakao*)!

Stoga je Isus u Evanđelju po Marku 9:43 rekao: *"Ako te zavodi ruka tvoja, odsijeci je! Bolje je da kao kljast uđeš u život, nego da s dvjema rukama odeš u pakao – u oganj neugasivi."*

Zašto je Bog ljubavi morao načiniti i užasni pakao i prekrasni raj? Da se zlim ljudima dopusti da uđu ondje gdje obitavaju dobri i od Boga ljubljeni, to bi bilo bolno i dobri ljudi u raju bili bi zagađeni zlom. Ukratko, Bog je načinio pakao zato što voli ljudska bića i zato što svojoj djeci želi dati samo najbolje.

Sud Velikog bijelog prijestolja

Baš kao što poljodjelac sije sjeme i žanje usjeve godinu za godinom, tako i Bog kultivira ljudski duh, koji je još od Adama i

Eve izgnan iz Edenskog vrta, i to će činiti sve do Isusova drugog dolaska.

Bog je praocima vjere, kao što su Noa, Abraham, Mojsije, Ivan Krstitelj, Petar i apostol Pavao, očitovao svoju volju. I danas On neprestance kultivira ljudski duh putem svojih sluga i djelatnika. Pa ipak, baš kao što svršetak nužno dolazi poslije početka, ni kultivacija ljudskog duha neće vječno trajati.

U Drugoj Petrovoj Poslanici 3:8 stoji: *"Ovo jedno, ljubljeni, ne smije vam biti nepoznato: da je u Gospodina jedan dan kao tisuću godina, a tisuću godina kao jedan dan."* Baš kao što se i Bog odmarao sedmoga dana nakon šestodnevnog stvaranja svemira, tako će i Isusov drugi dolazak i novo tisućljeće, razdoblje šabata, doći poslije šest tisuća godina nakon Adamova neposluha. A nakon toga, putem Suda Velikog bijelog prijestolja, Bog će dopustiti da pšenica uđe u raj, a pljevu će baciti u pakleni oganj.

Zato Vas molim u ime Gospodina Isusa Krista da razumijete Božju providnost i ljubav prema kultivaciji ljudskih bića, da vodite blagoslovljen život i da slavite Boga s usrdnom nadom u raj.

3. Poglavlje

STABLO SPOZNAJE DOBRA I ZLA

- Adam i Eva u Edenskom vrtu
- Adam nije poslušao svojom slobodnom
  voljom
- Plaća je grijeha smrt
- Zašto je Bog stavio stablo spoznaje dobra
  i zla u Edenski vrt?

Jahve, Bog, uzme čovjeka i postavi ga u edenski vrt da ga obrađuje i čuva. Jahve, Bog, zapovjedi čovjeku: "Sa svakoga stabla u vrtu slobodno jedi, ali sa stabla spoznaje dobra i zla da nisi jeo! U onaj dan u koji s njega okusiš, zacijelo ćeš umrijeti!"

Knjiga Postanka 2 :15-17

Oni koji ne poznaju veliku ljubav Boga Stvoritelja i Njegovu duboku i iskrenu providnost prema odgajanju svoje prave djece, možda će upitati: "Zašto je Bog postavio stablo spoznaje dobra i zla u Edenski vrt?" "Zašto je dopustio da prvi čovjek krene putom uništenja?" Misle da čovjek možda ne bi bio umro i da bi vodio sretan život zauvijek u Edenskom vrtu samo da Bog ondje nije postavio to stablo.

Neki od njih čak govore i misli poput: "Možda Bog nije unaprijed znao da će Adam kušati plod sa stabla spoznaje dobra i zla" jer ne vjeruju da je Bog Svemogući i Sveznajući. Je li On stablo spoznaje dobra i zla postavio u Edenski vrt ne znajući za budući Adamov neposluh? Ili je Bog namjerno ondje postavio to stablo i odveo čovjeka na put smrti? Naravno da ne!

Pa zašto onda Bog jest postavio stablo spoznaje dobra i zla posred Edenskog vrta? Zašto se Adam oglušio o Božju zapovijed i pao na put smrti?

Adam i Eva u Edenskom vrtu

Bog napravi čovjeka od praha zemaljskog i u nosnice mu udahne dah života, tako postane čovjek živa duša (Knjiga Postanka 2:7). Živa duša je duhovno biće, koje nema nikakvog znanja kad je tek stvoreno. Uzmimo jednostavan primjer. Novorođenče nema ni mudrosti ni znanja. Dijete ima sustav pamćenja u svom mozgu, ali ono nikad nije ništa vidjelo, čulo ni naučilo. Tako da novorođenče može djelovati jedino po nagonima.

Na isti taj način, ni Adam nije imao duhovne mudrosti ni znanja kad je tek postao živom dušom.

Adam je učio znanje života od Boga

Bog je zasadio vrt na istoku, u Edenu, i ondje je postavio Adama. Bog je Adamu dao znanje života i istinu, i to jedan na jedan, dok je s njim onuda šetao, kako bi Adam nadzirao i upravljao Edenskim vrtom.

U Knjizi Postanka 2:19 stoji: *"Tada Jahve, Bog, načini od zemlje sve životinje u polju i sve ptice u zraku i predvede ih čovjeku da vidi kako će koju nazvati, pa kako koje stvorenje čovjek prozove, da mu tako bude ime."* Adam je imao dovoljno znanja života da bi mogao vladati svime.

Isto tako, Bogu se nije učinilo dobrim da Adam bude sam. Tako Bog pusti tvrd san na čovjeka te on zaspa kako bi On za njega načinio prikladnu pomoć. Bog izvadi jedno čovjekovo rebro, a mjesto zatvori mesom dok je ovaj spavao. Od rebra što ga je uzeo čovjeku napravi Jahve, Bog, ženu pa je dovede čovjeku. Bog je dao da čovjek prione uza svoju ženu i da njih dvoje budu jedno tijelo (Knjiga Postanka 2:20-22).

To se nije dogodilo zato što se sam Adam osjećao usamljenim, nego zato što je Bog bio sam dugo vremena prije početka vremena i zato što je znao što je usamljenost. Božja velika ljubav i milost naveli su Ga da Adamu napravi pomoćnicu pa je, poznajući unaprijed Adamovu situaciju, blagoslovio muškarca i ženu da se plode, množe i da napune zemlju.

Adamov dugi život u Edenskom vrtu

Pa koliko su onda Adam i žena mu Eva živjeli u Edenskom vrtu? U Bibliji se o tome ne raspravlja u pojedinosti, ali morate znati da su oni ondje živjeli mnogo dulje nego što većina ljudi to misli.

Biblija nam sve te činjenice govori u svega par redaka. Tako mnogi misle da je Adam jeo od zabranjenog voća i pao na put uništenja nedugo nakon što ga je Bog postavio u Edenski vrt. Neki pitaju: "U Bibliji stoji da je povijest ljudskih bića dugačka šest tisućljeća, ali kako objašnjavate da mnogi fosili pokazuju starost od nekoliko stotina tisuća godina?"

Povijest ljudske civilizacije u Bibliji je otprilike 6.000 godina, počevši od vremena Adamova i Evina izgona iz Edena. Međutim, tu nije obuhvaćeno dugo razdoblje tijekom kojega su oni živjeli u Edenskom vrtu. Kako je prolazilo to dugo vrijeme, došlo je do velikih geoloških i geografskih promjena, poput reakcije zemljine kore, a na ovoj zemlji se odvilo nekoliko ciklusa reprodukcije i izumiranja. Baš kao što smo govorili u 1. poglavlju, to dokazuju i brojni fosili.

Kao što je Bog blagoslovio Adama i njegovu ženu u Knjizi Postanka 1:28, prvi čovjek Adam je, prije nego što je bio proklet, šetao s Bogom i izrodio mnogo djece tijekom dugog vremena obitavanja u Edenskom vrtu. I kako je Gospodar svega stvorio sve, tako je i Adam sebi podložio i upravljao zemljom, kao i Edenskim vrtom.

Adam nije poslušao svojom slobodnom voljom

Bog je Adamu i Evi dao slobodnu volju i dopustio im da uživaju u izobilju i radosti Edenskog vrta. Pa ipak, jedno je Bog zabranio. Bog im je zapovjedio da ne jedu sa stabla spoznaje dobra i zla.

Da je Adam razumio Božje srce i da Ga je uistinu ljubio, on ne bi jeo od zabranjenog voća jer je znao za Božju zapovijed. Međutim, on nije poslušao tu izričitu zapovijed jer nije uistinu ljubio Boga.

Bog je postavio stablo spoznaje dobra i zla u Edenski vrt i utemeljio strogi zakon između Boga i čovjeka. Čovjeku je dopustio da zapovijeda po svojoj slobodnoj volji. I to zato što je htio zadobiti pravu djecu, koja će Mu biti poslušna iz dubine svojih srca.

Adam se oglušio o Božju Riječ

U Bibliji Bog često obećava blagoslove onima koji slušaju sve Njegove zapovijedi i vode računa o Njegovoj riječi (Ponovljeni Zakon 15:4-6, 28:1-14). Pa ipak, tko to sluša sve Njegove zapovijedi? Čak i Biblija priznaje da na ovom svijetu ima vrlo malo ljudi koji to mogu činiti.

Mora biti da je Bog podučio prvog čovjeka, Adama, da će uživati u životu vječnomu i blagoslovima dokle god bude slušao Boga, ali da će zadobiti vječnu smrt ako Mu bude neposlušan. Bog ga je upozorio da ne jede sa stabla spoznaje dobra i zla.

No, Adam i Eva oglušili su se o tu Božju zapovijed i jeli od zabranjenog voća. Sotona pokušava omesti Božji plan odgajanja prave i duhovne djece još od početka. Naposljetku je sotoni pošlo za rukom da ih dovede u iskušenje i navede da jedu putem zmije koja je lukavija od sve zvjeradi (Knjiga Postanka 3:1). Adam i Eva oglušili su se o Božju zapovijed. Pa kako se onda Adam oglušio o Božju zapovijed iako je bio živa duša i iako ga je sam Bog učio samo istini?

U Knjizi Postanka 2:15 vidimo da je Bog napravio Adama da obrađuje i čuva Edenski vrt. Adam je primio moć i vlast od samoga Boga da vlada vrtom i da ga štiti. Bog mu je dao da ga štiti ako bi neprijateljski đavao i sotona silom ušli u nj. Pa ipak, sotoni je pošlo za rukom da vlada zmijom i da dovede u iskušenje Adama i Evu putem te zmije. Kako je to bilo moguće?

Jednom riječju, sotona je zli duh koji vlada zračnim područjem. Sotona nema oblika. U Poslanici Efežanima 2:2 o sotoni se govori kao o gospodaru zračnog područja, duhu koji je sada na djelu u neposlušnicima.

Budući da je sotona poput radio valova koji plove zrakom, uspio je upravljati zmijom u Edenskom vrtu kako bi u iskušenje doveo Adama i Evu. U Knjizi Postanka 1 vidimo ponavljanje posebne fraze. Na kraju svakog dana stvaranja u Bibliji se ponavlja: "I vidje Bog da je dobro." Ta fraza nije izgovorena drugoga dana kad je stvoren svod.

I opet, u Poslanici Efežanima 2:2 govori se o vremenima *"u kojima ste nekoć živjeli prema Eonu ovoga svijeta, prema gospodaru zračnog područja, duhu koji je sada na djelu među neposlušnicima."* Bog je unaprijed znao da će zli dusi imati vlast nad zračnim područjem.

Eva je pala u iskušenje zmije

Zmija je samo jedna od životinja u polju. Pa kako joj je pošlo za rukom da Evu dovede u iskušenje da se ogluši o Božju zapovijed?

U Edenskom vrtu ljudi su komunicirali sa svim živim bićima, kao što je cvijeće, drveće, ptice, zvijeri i tako dalje. I Eva je mogla komunicirati sa zmijom. U početku su ljudi voljeli zmije i dobro se s njima slagali za razliku od danas. One su bile glatke, čiste, dugačke, okrugle i mudre kako bi im Eva pogodovala. Dobro su je poznavale i udovoljavale joj. Isti je takav slučaj s psima koje njihovi vlasnici vole jer su pametniji i vjerniji od većine drugih životinja.

No, ipak mnogi ljudi govore: "Zmije su grozne, otrovne i gnusne." Oni gotovo instinktivno ne vole zmije jer su zmije upravo one koje su obmanule prvog čovjeka, Adama, i ženu mu Evu da se ogluše o zapovijed i koje su ih gurnule na put smrti.

Kako biste bolje razumjeli narav zmije, morate poznavati svojstva tla u početku. Svako tlo ima različite sastojke i njihove različite udjele u sebi. Prema elementima koji su dodani tlu, tlo može biti dobro ili loše. Kad je Bog stvorio sve životinje u polju i sve ptice u zraku, On je za svaku vrstu životinje odabrao ispravno tlo (Knjiga Postanka 2:19).

U početku Bog nije zmiju učinio lukavom. Bog ju je učinio dovoljno mudrom da je ljudi vole. No, zmija je ipak postala lukava nakon što ju je prožela zla narav. Da zmija nije primila sotonin glas, nego da je nastavila provoditi samo Božju volju, bila bi postala mudra i dobra životinja. Međutim, budući da je slušala i vjerovala sotoninu glasu, zmija je postala lukava životinja koja je obmanula Evu da padne u smrt.

Zato što je Eva promijenila Božju Riječ

Zmija je znala što je Bog rekao Adamu: *"Sa svakoga stabla u vrtu slobodno jedi, ali sa stabla spoznaje dobra i zla da nisi jeo! U onaj dan u koji s njega okusiš, zacijelo ćeš umrijeti!"* (Knjiga Postanka 2:16-17). Pa je zmija lukavo upitala Evu: *"Zar vam je Bog rekao da ne smijete jesti ni s jednog drveta u vrtu?"* (Knjiga Postanka 3:1).

A što je Eva odgovorila zmiji?

Plodove sa stabala u vrtu smijemo jesti. Samo za plod stabla što je nasred vrta rekao je Bog: "Da ga niste jeli! I ne dirajte u nj, da ne umrete!" (Knjiga Postanka 3:2-3).

Bog je Adamu dao jasno upozorenje: *"Ali sa stabla spoznaje dobra i zla da nisi jeo! U onaj dan u koji s njega okusiš, zacijelo ćeš umrijeti!"* (Knjiga Postanka 2:17). Naglasio je da nikada neće biti živi ako budu jeli s tog stabla. Međutim, Evin odgovor nije bio toliko očit. Ona je samo nejasno odgovorila: "Umrijet ćete!" Ispustila je riječ "zacijelo." Drugim riječima, ona je htjela reći: "Ako budete jeli od zabranjenog ploda, možda ćete, a možda i nećete umrijeti."

U svom umu nije se pridržavala Božje zapovijedi i malo je sumnjala u Božju Riječ. Nakon što je zmija čula njezin nejasan i sumnjičav odgovor, pohitala je da je dovede u iskušenje. Čak je i iskrivila Božju zapovijed. Zmija je rekla ženi: "Ne, nećete umrijeti!" I počela je iskrivljivati Božju zapovijed i ohrabrivati ženu: *"Nego, zna Bog: onog dana kad budete s njega jeli, otvorit će vam se oči, i vi ćete biti kao bogovi koji razlučuju dobro i zlo."* (Knjiga Postanka 3:5). I ponovno ju je iskušavala, još više potičući njezinu radoznalost.

Eva je bila neposlušna po svojoj slobodnoj volji

Nakon što je sotona u ženu udahnuo grješne želje putem njezine nevjerne misli, njoj se stablo sad činilo drukčijim nego ranije. U Knjizi Postanka 3:6 stoji: *"Vidje žena da je stablo dobro za jelo, za oči zamamljivo, a za mudrost poželjno: ubere ploda njegova i pojede. Dade i svom mužu, koji bijaše s njom, pa je i on jeo."*

Trebala je izravno i u cijelosti istjerati iz sebe zmijino iskušenje. Žudnje grješna čovjeka, požuda očiju i životni ponos obuzeli su je i naveli u grijeh neposluha.

Neki govore: "Zar nisu Adam i Eva jeli sa stabla spoznaje dobra i zla jer su u sebi imali 'grješnu narav'?" Oni nisu imali grješnu narav, nego samo dobro u sebi prije nego što su bili neposlušni. Imali su samo svoju slobodnu volju prema kojoj su mogli jesti, ali nisu morali jesti od zabranjenog ploda protivno Božjoj zapovijedi.

Kako je vrijeme prolazilo, zanemarivali su Božju zapovijed. Potom ih je sotona putem zmije doveo u iskušenje i oni su se predali iskušenju. Na taj ih je način grijeh prožeo i oni su prekršili zapovijed koju im je Bog dao.

To je slično kao kada djeca odrastaju u zlu. Čak ni dijete koje je zločesto u djelu i riječi nije uvijek zlo ni zločesto od rođenja. U početku ono samo oponaša ružne riječi druge djece ili kletve, a da pritom ne zna njihovo značenje. Ili ono možda oponaša dječaka koji udara drugog dječaka i uživa kad udara drugu djecu i kad ih vidi kako se rasplaču. Tako da i ono uvijek iznova udara drugu djecu i zlo se u njemu začima i raste.

Na isti takav način ni Adam nije bio grješne naravi od početka. No, kad je pokazao neposluh prema Božjoj Riječi i kad je jeo sa stabla po svojoj slobodnoj volji, u njemu se začeo grijeh i zlo je nastalo u njemu.

Plaća je grijeha smrt

Baš kao što je Bog rekao Adamu: "Sa stabla spoznaje dobra i zla da nisi jeo! U onaj dan u koji s njega okusiš, zacijelo ćeš umrijeti," Adam i Eva zacijelo su umrli nakon što su jeli s tog stabla. U Jakovljevoj Poslanici 1:15 stoji: *"Zatim požuda, pošto začne, rađa grijeh, a grijeh, kad je gotov, rađa smrt."*

Poslanica Rimljanima 6:23 uči nas zakonu duhovnog kraljevstva o rezultatima grijeha: *"Jer plaća je grijeha smrt."* Pogledajmo kako su Adam i Eva postali smrtni zbog svojeg neposluha.

Smrt njihovog duha

Bog je jasno rekao Adamu: "Sa stabla spoznaje dobra i zla da nisi jeo! U onaj dan u koji s njega okusiš, zacijelo ćeš umrijeti!" Pa ipak, njih dvoje nisu umrli odmah nakon što su se ogriješili o Božju zapovijed. Živjeli su vrlo dugo i izrodili još mnogu djecu. Pa onda, što je ta "smrt" na koju je Bog upozorio?

On nije mislio na smrt njihovih tijela, nego na smrt njihovog duha. Ljudi su načinjeni s duhom kako bi mogli komunicirati s Bogom, dušom koja je sluga njihova duha i tijelom u kojem obitavaju i duh i duša. U Prvoj poslanici Solunjanima 5:23 stoji da se ljudi sastoje od duha, duše i tijela. Kad su se Adam i Eva ogriješili o Božju zapovijed, umro je njihov duh, čovjekov gospodar.

Bog je bez krivnje i bez prijekora i Sveto Jedinstvo, koje obitava u nepristupačnom svjetlu, pa grješnici ne mogu biti s Njim. Adam je mogao komunicirati s Bogom dok je bio živi duh, ali, nakon što je njegov duh umro zbog grijeha, on to više nije mogao.

Početak bolnog života

Edenski vrt bio je vrlo obilno i prekrasno mjesto, u kojemu

nije bilo briga ni tjeskoba, a Adam i Eva mogli su u njemu živjeti zauvijek i jesti sa stabla života. Ali, oni su izgnani iz Edenskog vrta nakon što su zgriješili. Od tog trenutka započele su njihove patnje i nevolje.

Žena je počela u mukama djecu rađati. Žudnja je mužu tjera, a on gospodari nad njom. Zemlja je postala prokleta: s trudom se čovjek od nje hrani svega vijeka svojega (Knjiga Postanka 3:16-17).

U Knjizi Postanka 3:18-19 Bog kaže Adamu: *"Rađat će ti trnjem i korovom, a hranit ćeš se poljskim raslinjem. U znoju lica svoga kruh svoj ćeš jesti dokle se u zemlju ne vratiš: ta iz zemlje uzet si bio – prah si, u prah ćeš se i vratiti."* Ovim retkom Bog implicira da se čovjek mora vratiti u šaku praha.

Budući da je Adam, praotac cijelog čovječanstva, počinio grijeh neposluha i budući da je umro njegov duh, svi se njegovi potomci rađaju kao grješnici i idu putom smrti.

U Poslanici Rimljanima 5:12 zabilježena je Adamova trajna baština: *"Zato, kao što po jednom čovjeku uđe grijeh u svijet, a po grijehu smrt, tako smrt priđe na sve ljude, jer svi sagriješiše."*

Svi se ljudi rađaju u iskonskom grijehu

Bog omogućuje ljudima da se plode i umnožavaju u broju putem sjemena života koje im On daje kad ih napravi. Ljudi se začinju kad se ujedine spermij i jajašce koje Bog daje svakom muškarcu i svakoj ženi kao sjeme života. Budući da taj spermij ili to jajašce imaju svojstva svakog roditelja, i dijete začeto sjedinjavanjem spermija i jajašca sliči svojim roditeljima po izgledu, naravi, ukusima, navikama, preferencijama, držanju i tako dalje.

Na takav su način grješnu Adamovu narav naslijedili svi njegovi potomci nakon što je Adam, praotac svih ljudi, zgriješio. To se naziva "iskonskim grijehom." Adamovi potomci rađaju se s iskonskim grijehom. Dakle, svi su ljudi neizbježno grješnici.

Neki se nevjernici žale ovako: "Zašto ili kako to da sam ja grješnik? Nisam počinio nikakav grijeh." Drugi, pak, pitaju: "Kako ja mogu naslijediti Adamov grijeh?"

Uzmimo primjer djeteta. Majka doji dijete koje nema ni godinu dana. Ona sad doji neko drugo dijete na oči svog vlastitog djeteta. Vrlo je vjerojatno da će se njezina beba uznemiriti i pokušati odgurnuti drugu bebu. Ako majka ne prestane dojiti tu drugu bebu ili ako ta beba ne prestane sisati s njezinih prsa, moguće je da će njezino vlastito dijete odgurnuti ili udariti majku ili drugu bebu. Ako majka nastavi davati mlijeko drugoj bebi, moguće je da će se njezina vlastita beba rasplakati.

Čak i ako nitko ne smatra da je mala beba zavidna, ljubomorna, da mrzi, da je pohlepna ili da voli udarati, ona sve te zle stvari ima u svom umu još od rođenja. Ta činjenica objašnjava da se ljudi rađaju s iskonskim grijehom koji nasljeđuju od svojih roditelja.

A koliko samo više zgriješi svatko od nas sam od sebe tijekom svog života? Morate razumjeti da su ne samo grješna djela, nego i svaka vrsta zloga u umu, grijeh pred Bogom, koji je samo svjetlo. Bog zamjećuje i promatra zlo u svačijem umu kao što su mržnja, pohlepa, osuda i još mnogo toga.

Stoga nam i Biblija govori da nitko neće biti opravdan pred Bogom zbog djela Zakona i da su svi ljudi udaljeni od Božje slave jer su sagriješili (Poslanica Rimljanima 3:20, 23).

Nije proklet samo čovjek, nego i sve ostalo

Kad je Adam, koji je bio gospodar svega, zgriješio i bio proklet, i zemlja i sva stoka, sve životinje u polju i ptice u zraku bili su prokleti zajedno s njim. Tek tada su nastali štetni i otrovni kukci, kao što su muhe ili komarci, koji prenose sve vrste bolesti.

Zemlja je počela proizvoditi trnje i korov, a čovjek je uspijevao požnjati biljke za hranu samo uz veliki trud i u znoju lica svoga. Ljudi su bili prinuđeni suočiti se sa suzama, žalošću, boli, bolestima, smrću i tome slično jer su bili prokleti na ovoj zemlji.

Stoga u Poslanici Rimljanima 8:20-22 stoji: *"Priroda, naime, bi podvrgnuta prolaznosti, ne svojevoljno, nego po onome koji je podvrgnu – s nadom da će i sama priroda biti oslobođena ropstva raspadljivosti za slobodu slave djece Božje. Uistinu, znamo da sva priroda uzdiše i da je u porođajnim mukama sve do sada."*

Pa kako je onda zmija bila prokleta? U Knjizi Postanka 3:14 Bog kaže lukavoj zmiji koja je čovjeka dovela u iskušenje da zgriješi: *"Kad si to učinila, prokleta bila među svim životinjama i svom zvjeradi divljom! Po trbuhu svome puzat ćeš i zemlju jesti sveg života svog!"* Međutim, zmije ipak ne jedu zemlju, nego žive životinje, poput ptica, žaba, miševa ili kukaca. Bog je jasno rekao: "I jest ćeš zemlju sveg života svog!" Pa kako da protumačimo ovaj redak?

"Zemlja" ovdje simbolizira "ljude koji su napravljeni od praha zemaljskog" (Knjiga Postanka 2:7), a "zmija" neprijateljskog đavla i sotonu (Otkrivenje 20:2). "Zemlju jest ćeš sveg života svog!" simbolizira to da će sotona i đavao proždrijeti ljude koji ne žive po Božjoj Riječi, nego radije hodaju u tami.

Čak se i djeca Božja suočavaju s patnjama i nevoljama koje im donose sotona i đavao ako počine zlo i zgriješe protiv Božje volje. Danas sotona i đavao obilaze kao ričući lav i traže koga da proždru (Prva Petrova Poslanica 5:8). Ako koga nađu, porobit će njega ili nju pod prokletstvom grijeha i odvući će tu osobu na put uništenja. Ako im je to moguće, oni pokušavaju u iskušenje dovesti čak i djecu Božju.

Sotona i đavao dovode u iskušenje one koji govore: "Vjerujem u Boga," ali koji nisu sigurni u Božju Riječ, i vode ih na put smrti. Obično Vas sotona i đavao pokušavaju dovesti u iskušenje preko onih Vama najbližih, kao što je Vaš supružnik ili supružnica, prijatelj ili rođaci – baš kao što su i Evu doveli u iskušenje preko zmije, jedne od njezinih najomiljenijih ljubimica.

Tako bi Vas, primjerice, suprug ili supruga ili prijatelj mogli upitati: "Zar nije dovoljno što ideš na jutarnju nedjeljnu misu? A moraš li baš svake nedjelje ići još i na večernju misu?" ili "Daješ li svakoga dana sve od sebe kako bi se okupio s drugima?" "Pa Bog zamjećuje i zna sve što ti leži duboko unutra na srcu jer je On Svemogući i Sveznajući. Pa zar onda zbilja moraš vapiti glasno u molitvi?"

Bog Vam je zapovjedio da se sjetite svetkovati dan subotnji (Knjiga Izlaska 20:8), da se okupljamo u ime Gospodnje (Poslanica Hebrejima 10:25) i da zazivamo Boga u molitvi (Jeremija 33:3). Sotona ne može u iskušenje dovesti ni navesti na grijeh one koji čuju i izvršavaju Riječ Božju (Evanđelje po Mateju 7:24-25).

Baš kao što stoji u Poslanici Efežanima 6:11: *"Obucite se u bojnu spremu koju Bog daje da se mognete oprijeti đavolskim napadajima!"*, morate se oboružati Božjom Riječju istine i hrabro i s vjerom istjerati neprijateljskog đavla i sotonu.

Zašto je Bog stavio stablo spoznaje dobra i zla u Edenski vrt?

Bog je stavio stablo spoznaje dobra i zla u Edenski vrt ne da bi čovjeka natjerao na put uništenja, nego da bi mu podario istinsku sreću. Ne razumijući Njegov duboki plan, mnogi ljudi pogrešno tumače ljubav i pravdu Božju pa čak ni ne vjeruju u Boga. Žive jednoličnim i beživotnim životom i ne nalaze pravi smisao svojih života.

Pa zašto je, onda, Bog postavio stablo spoznaje dobra i zla u Edenski vrt i zašto nam donosi obilne blagoslove?

Adam i Eva nisu poznavali istinsku sreću

Edenski vrt bio je prekrasan i svega je bilo u izobilju onkraj naše mašte. Bog učini te iz zemlje nikoše svakovrsna stabla –

pogledu zamamljiva, a dobra za hranu – i stablo života, nasred vrta, i stablo spoznaje dobra i zla (Knjiga Postanka 2:9).

Pa zašto je, onda, Bog postavio stablo spoznaje dobra i zla nasred vrta zajedno sa stablom života kako bi ih se moglo dobro vidjeti? Bog nikad nije namjeravao istjerati ih na put uništenja dovodeći ih u iskušenje da jedu s tog stabla. Bila je to providnost Božja kako bismo razumjeli relativnost putem stabla spoznaje dobra i zla i postali Njegova prava duhovna djeca koja osjećaju Njegovo srce.

I dok ljudi doživljavaju suze, žalost, siromaštvo ili bolesti, mogli bi pomisliti da su Adam i Eva bili vrlo sretni u Edenskom vrtu jer oni nisu doživljavali nikakve patnje, poput suza, žalosti, siromaštva ili bolesti na ovome svijetu. Međutim, ljudi u Edenskom vrtu nisu poznavali ni istinsku sreću ni istinsku ljubav jer nisu iskusili relativnost.

Uzmimo jedan primjer. Imamo dva dječaka. Jedan je rođen i odrastao u siromaštvu, a drugi je rođen u izobilju i uživao je. Ako svakome od njih na dar dadnete skupu igračku, što mislite kakva će biti reakcija svakog od njih? S jedne strane, dječak koji je odrastao u izobilju, neće biti toliko zahvalan jer on rijetko kad osjeti vrijednost igračaka. S druge strane, drugi dječak koji je odrastao u siromaštvu, bit će vrlo zahvalan i smatrat će igračku veoma dragocjenom.

Istinska sreća dolazi kroz relativnost

Isto tako, oni koji iskuse relativnost slobode ili izobilja poznaju i uživaju u istinskoj sreći ili istinskoj slobodi. Za razliku od Edenskog vrta, na ovom svijetu ima mnoštvo relativnih stvari. Želite li spoznati i uživati u pravoj vrijednosti bilo čega, morate prvo osjetiti relativnost. Ne možete pojmiti pravu vrijednost sve dok u cijelosti ne osjetite njezine protivne aspekte.

Primjerice, želite li spoznati istinsku sreću, prvo morate doživjeti nesreću. Želite li spoznati vrijednost prave ljubavi, prvo morate iskusiti mržnju. Ne možete spoznati ni vrijednost svojeg zdravlja u cijelosti sve dok vas ne obuzme bol zbog bolesti ili lošeg zdravlja. Nećete spoznati vrijednost vječnog života ni biti zahvalni Bogu Ocu koji vam pripravlja dobar stan na nebu sve dok ne shvatite da zacijelo postoje smrt i pakao.

Prvi čovjek Adam mogao je jesti štogod je htio, a imao je vlast da upravlja svime u Edenskom vrtu. Sve je dobivao bez puno mukotrpnog truda i bez znoja lica svoga. Iz tog razloga nije iskazivao zahvalnost Bogu, koji mu je sve dao, niti je poznavao Njegovu milost i ljubav u svom srcu.

Kasnije se Adam ogriješio o zapovijed Božju tako što je jeo od zabranjenog voća. Dotad je bio živi duh, ali nakon što je zgriješio, duh mu je umro, a on je postao čovjek od krvi i mesa. On i njegova žena izgnani su iz Edenskog vrta i počeli su živjeti na ovoj zemlji. On je počeo podnositi sve ono što nikad nije iskusio u Edenskom vrtu: suze, žalost, bolesti, boli, nesreće, smrt i tako dalje. Naposljetku je doživio sve što je suprotno sreći Edenskoga vrta.

U takvom procesu Adam i Eva uspjeli su shvatiti i osjetiti što je to sreća ili nesreća i koliko su dragocjeni bili sloboda i izobilje, koje im je Bog davao u Edenskom vrtu.

Vaš će život biti besmislen ako živite zauvijek, a da ne upoznate što su to sreća i nesreća. Čak i ako ste sada u nevoljama, Vaš će život vrijediti više i imati više smisla ako kasnije osjetite istinsku sreću.

Primjerice, čak i ako roditelji očekuju da će se njihova djeca pomučiti da uče, oni ih ipak puštaju da idu u školu. Ako vole svoju djecu, roditelji će im spremno pomagati da naporno uče ili da dožive mnoštvo dobroga. Isto je tako sa srcem Boga Oca, koji je poslao ljude na ovaj svijet i koji ih kultivira kao svoju pravu djecu kroz sve vrste iskustava.

Iz istog tog razloga je Bog stavio stablo spoznaje dobra i zla u Edenski vrt i nije spriječio Adama i Evu da jedu s njega po svojoj slobodnoj volji. On je sve to planirao kako bi ljudi iskusili sve vrste radosti, ljutnje, žalosti i ugode na ovome svijetu i postali Njegova prava djeca putem kultivacije ljudi.

Kroz bolna iskustva oni naposljetku spoznaju pravu vrijednost i smisao svega, i to u dubini svojih srca.

A budući da će kroz kultivaciju ljudi spoznati i osjetiti istinsku sreću, Božja djeca neće ponovno izdati Boga, kao što je to učinio Adam u Edenskom vrtu, bez obzira koliko vremena prođe. Umjesto toga, oni će Ga ljubiti još više i dublje, napunit će se radošću i zahvalnošću i sve će Ga više slaviti.

Istinska sreća u raju

Božja djeca, koja su iskusila suze, žalost, boli, bolesti, smrt i tako dalje na ovome svijetu, ući će u vječni raj i ondje će zauvijek uživati u vječnoj sreći, ljubavi, radosti i zahvalnosti. U raju će osjetiti radost savršene sreće.

U ovome tjelesnome svijetu sve truli i umire, ali ondje nema truljenja, smrti, suza i žalosti u vječnom kraljevstvu nebeskom. Zlato se na ovom svijetu smatra najdragocjenijim, ali u raju su svi putovi u Novom Jeruzalemu načinjeni od čistog zlata. Rajske kuće načinjene su od dragocjenog i prekrasnog dragog kamenja. Koliko je ono samo čudesno i prekrasno!

I sam sam zlato i drago kamenje smatrao najdragocjenijima dok nisam upoznao Boga, ali od trenutka kad sam spoznao vječni raj, počeo sam sve u ovome svijetu smatrati ispraznim ili bezvrijednim. Život na ovome svijetu samo je trenutak u usporedbi s vječnim kraljevstvom. Ako istinski vjerujete u vječni raj i ako mu se nadate, nikada nećete ljubiti ovaj svijet. Umjesto toga, razmišljat ćete samo o onome što biste trebali i mogli učiniti da spasite još jednu osobu ili kako biste mogli navješćati evanđelje svim narodima diljem svijeta. Za sebe ćete nagomilati nagrade na nebu ako svoje najbolje žrtve prinesete Bogu, svim svojim srcem, a da pritom ne pokušavate gomilati za sebe blaga na ovom svijetu.

Apostol Pavao uspio je svršiti svoj trnoviti put s radošću i zahvalnošću jer je vidio treće nebo, koje mu je Bog pokazao u viđenju. Kao apostol pogana, morao je pretrpjeti silne patnje. Bog mu je pokazao veliku ljepotu neba i ohrabrio ga da krene tim putom sve do kraja u nadi u raj. Tukli su ga štapovima, oštro bičevali, kamenovali, često zatvarali i na kraju prolili njegovu krv dok je on propovijedao evanđelje Gospodnje. No, unatoč svemu tome, on je znao da će za sve to zadobiti veliku nagradu na nebu, onkraj svakog opisa. Na kraju su sve njegove patnje i zavrijedile velike nebeske blagoslove.

Ljudi Božji ne nadaju se ovome svijetu. Oni čeznu jedino za kraljevstvom nebeskim. Ovaj je svijet samo tren u Božjem pogledu, ali život u kraljevstvu nebeskom je vječan. U raju nema suza, žalosti, patnji ni smrti. Pa ondje svi mogu živjeti radosni, u nadi u velike nagrade kojima će ih Bog nagraditi u raju u skladu s onim što su posijali ili činili.

Stoga molim u ime Gospodina našega, Isusa Krista, da spoznate veliku ljubav i providnost Boga Stvoritelja i da se pripravite za ulazak u nebo kako biste uživali u vječnom životu i istinskoj sreći u zapanjujuće lijepom i slavnom raju.

4. Poglavlje

TAJNA SKRIVENA PRIJE POČETKA VREMENA

- Adamova vlast predana je đavlu
- Zakon otkupljivanja zemlje
- Tajna skrivena prije početka vremena
- Isus ispunjava uvjete prema zakonu

Pa ipak, navješćujemo mudrost među savršenima, ali ne mudrost ovoga svijeta ni prolaznih knezova ovoga svijeta. Naprotiv, navješćujemo mudrost Božju, u obliku tajne, skritu, koju Bog od vječnosti predodredi za našu slavu. Nju nije shvatio nijedan od knezova ovoga svijeta. Jer, da su je shvatili, ne bi Gospodina slave razapeli.

Prva poslanica Korinćanima 2 :6-8

Adama i Evu zmija je dovela u iskušenje u Edenskom vrtu, oni su se oglušili o zapovijed Božju i jeli sa stabla spoznaje dobra i zla jer su poželjeli biti poput Boga u svojem umu. Kao rezultat toga, i oni i svi njihovi potomci postadoše grješnici.

Sa stajališta ljudskih bića smatra se da su Adam i Eva bili žalosni zato što su izgnani iz Edenskog vrta i što su morali poći putem smrti. Međutim, s duhovnog stajališta, to je čudesni blagoslov Božji jer će dobiti priliku doživjeti spasenje, život vječni i nebeske blagoslove putem Isusa Krista.

Tijekom kultivacije ljudi tajna, koja je bila skrita radi Vaše slave prije početka vremena, otkrivena je i put spasenja je širom otvoren svim narodima. Hajdemo se dublje pozabaviti tom tajnom, koja je bila skrita od početka vremena, i načinom otvaranja puta spasenja.

Adamova vlast predana je đavlu

U Evanđelju po Luki 4:5-6 vidimo kako đavao dovodi u iskušenje Isusa, koji je upravo završio 40-dnevni post:

Zatim ga đavao dovede gore, pokaza mu za tren oka sva kraljevstva cijelog svijeta pa mu reče: "Tebi ću dati svu tu vlast i raskoš njihovu. Jer, meni je to predano i dajem ga komu god hoću."

Đavao je rekao da će Isusu predati vlast jer je nju i njemu netko predao. Pa zašto je Bog, koji vlada svime, dopustio da se sva vlast preda đavlu?

U Knjizi Postanka 1:28 stoji: *"I blagoslovi ih Bog i reče im: 'Plodite se, i množite, i napunite zemlju, i sebi je podložite! Vladajte ribama u moru i pticama u zraku i svim živim stvorovima što puze po zemlji!'"*

Adam je od Boga primio vlast i moć da upravlja i vlada svime. On je bio Gospodar svih stvari, ali nakon dugo vremena lukava zmija je njega i njegovu ženu obmanula da jedu sa stabla spoznaje dobra i zla. On je počinio grijeh neposluha prema Bogu.

U Poslanici Rimljanima 6:16 stoji: *"Zar ne znate: ako se kao robovi nekome obvezujete na pokornost, robovi ste onoga komu se pokoravate: ili grijeha, koji vodi u smrt ili pokornosti koja vodi u pravednost?"* Robovi ste grijeha ili pravednosti. Ako počinjate grijehe, robovi ste grijeha i to će vas odvesti u smrt. Međutim, ako se pokoravate Riječi pravednosti, robovi ste pravednosti i ući ćete u raj.

Adam je počinio grijeh neposluha prema Bogu i postao robom grijeha. Pa više nije mogao imati svu vlast i moć koje mu je Bog bio dao. Morao je vlast i moć predati đavlu, baš kao što i sva imovina roba automatski pripada njegovu gospodaru. Ukratko, Adam je svoju vlast i moć, koje mu je Bog bio dao, predao đavlu jer je zgriješio i postao robom grijeha.

Adamov neposluh rezultirao je grijesima svih ljudi. A

posljedica toga je da on i svi njegovi potomci služe đavlu kao robovi i da budu osuđeni na smrt.

Zakon otkupljivanja zemlje

Što ljudi moraju učiniti kako bi se oslobodili od neprijateljskog đavla i sotone i spasili od grijeha i smrti? Neki kažu: "Bog bezuvjetno oprašta svakome jer je Bog sama ljubav. On obiluje samilošću i milosrđem." Međutim, u Prvoj Poslanici Korinćanima 14:40 stoji: *"Ali sve neka bude pristojno i uredno!"* Bog čini sve pristojno i uredno u skladu sa zakonom duhovnog kraljevstva. Bog ništa ne čini protiv duhovnog zakona jer je On Bog pravednosti i pravičnosti.

U duhovnom kraljevstvu postoji zakon o kažnjavanju grješnika, koji kaže: *"Plaća za grijeh je smrt."* Isto tako postoji i zakon otkupljenja grješnika. Taj bi se duhovni zakon trebao primijeniti kako bi se povratila vlast koju je Adam predao đavlu.

Pa koji je onda zakon otkupljivanja grješnika? To je zakon otkupljivanja zemlje zabilježen u Starom zavjetu. Prije početka vremena Bog Otac u tajnosti je pripravio put ljudskog spasenja u skladu s tim zakonom.

Kako glasi zakon otkupljivanja zemlje?

To je Božja zapovijed Izraelcima u Levitskom zakoniku 25:23-25:

Zemlja se ne smije prodati potpuno, jer zemlja pripada meni, dok ste vi samo stranci i gosti kod mene. Zato u svakome kraju gdje imate zemljišne posjede morate dopustiti otkupljivanje zemlje. Ako tvoj brat zapadne u škripac te moradne prodati dio svoje očevine, neka dođe njegov najbliži izbavitelj i otkupi što je njegov brat prodao.

Svaki komad zemlje pripada Bogu i ne smije se prodati potpuno. Ako netko zbog siromaštva proda svoju zemlju, Bog njemu ili njegovom najbližem izbavitelju dopušta da tu zemlju otkupi. To je zakon otkupljivanja zemlje.

Izraelski narod sastavlja potvrde o ugovoru o posjedu zemlje u skladu sa zakonom otkupljivanja zemlje kako ne bi prodali zemlju potpuno kad prodaju i kupuju zemlju.

Prodavač i kupac zapisuju pojedinosti iz ugovora o posjedu zemlje na tu potvrdu kako bi prodavač ili njegov najbliži izbavitelj mogli kasnije otkupiti tu zemlju. Od toga načine kopiju i stave oba svoja žiga na ta dva ugovora u prisustvu dvojice ili trojice svjedoka. Jedan ugovor se zapečati i čuva u svetohraništu svetoga hrama. Drugi se ugovor čuva u predsoblju, otvoren i nezapečaćen. Zakon otkupljivanja zemlje dopušta prodavaču i njegovom najbližem izbavitelju da u svako doba otkupi tu zemlju.

Zakon otkupljivanja zemlje i ljudskog spasenja

Zašto je Bog pripravio put ljudskog spasenja prema zakonu

otkupljivanja zemlje? Knjiga Postanka 3:19 i 23 jasno nam govori da je zakon otkupljivanja zemlje u izravnoj vezi sa spasenjem čovječanstva:

U znoju lica svog kruh svoj ćeš jesti dokle se u zemlju ne vratiš: ta uz zemlje uzet si bio – prah si, u prah ćeš se i vratiti. (Knjiga Postanka 3:19).

Zato ga Jahve, Bog, istjera iz vrta edenskoga da obrađuje zemlju iz koje je i uzet. (Knjiga Postanka 3:23).

Bog je Adamu nakon njegova neposluha rekao: "Prah si, u prah ćeš se i vratiti." Ovdje "prah" simbolizira ljude koji su napravljeni iz praha zemaljskog. Zato se ljudi i vraćaju u prah poslije smrti.

Zakon otkupljivanja zemlje kaže da sva zemlja pripada Bogu i da se ne smije prodati potpuno (Levitski zakonik 25:23-25). Ti reci znače da svi ljudi, napravljeni iz praha zemaljskog, pripadaju Bogu i da se ne mogu prodati potpuno. Također naznačuju da se ni vlast ni moć, koje je Adam primio od Boga u Edenskom vrtu, ne mogu prodati potpuno jer one pripadaju Bogu.

Adamova vlast predana je neprijateljskom đavlu i sotoni, ali onaj koji je pristojan u povratku izgubljene Adamove vlasti, može je povratiti od neprijateljskog đavla. Slično tomu, i Bog pravde odredio je sudbinu savršenog otkupitelja prema zakonu otkupljivanja zemlje. Taj otkupitelj jest Spasitelj svih ljudi.

Tajna skrivena prije početka vremena

Prije početka vremena Bog ljubavi znao je da će mu Adam iskazati neposluh i da će svi njegovi potomci pasti na put smrti. On je u tajnosti pripravio put ljudskog spasenja i sakrivao ga je sve dok nije došao tren koji je On sam odabrao.

Da je đavao znao Božje namjere, on bi ometao Boga u rješavanju grijeha i smrti svih ljudi kako ne bi izgubio svoju vlast. U Prvoj Poslanici Korinćanima 2:7 stoji: *"Naprotiv, navješćujemo mudrost Božju, u obliku tajne, skritu, koju Bog vječnosti predodredi za našu slavu."*

Isus Krist, mudrost Božja

U Poslanici Rimljanima 5:18-19 stoji: *"Prema tome, dakle, kao što je prijestupkom jednoga osuđenje došlo na sve ljude, tako će i pravednim djelom jednoga doći na sve ljude opravdanje koje daje život. Jer, kao što su neposluhom jednoga čovjeka svi postali grješnici, tako će i posluhom jednoga svi biti učinjeni pravednicima."*

Svi će ljudi postati pravednima i spašenima posluhom jednoga čovjeka, baš kao što su svi ljudi postali grješnicima i pali na put smrti neposluhom jednoga čovjeka.

Na sličan način Bog je poslao Isusa Krista, kojega je u tajnosti pripravio kao put spasenja i dopustio da Isusa razapnu i da On ponovno uskrsne. Otada svatko tko u Njega vjeruje, biva spašen. U Prvoj Poslanici Korinćanima 1:18 Bog nam govori: *"Doista, govor o križu ludost je onima koji propadaju, a nama, koji bivamo spašavani, sila je Božja.*"

Nekim je ljudima ludost da je Sin Boga Svemogućega trpio uvrede i da su Ga ubila Njegova stvorenja. Međutim, taj "ludi" plan Božji mnogo je mudriji od najmudrijih ljudskih planova, a Božja je "slabost" mnogo jača od najjače ljudske snage (Prva Poslanica Korinćanima 1:19-24). Biblija eksplicitno govori da nitko nikad ne može biti pravedan u Božjim očima poštivanjem zakona. Pa ipak, Bog je na ovaj jednostavan način otvorio put spasenja svakome tko vjeruje u Isusa Krista.

Plaća za grijeh je smrt. Dakle, nitko ne bi mogao biti spašen da Isus nije umro za naše grijehe. Isus je razapet za naše grijehe i ponovno je uskrsnuo Božjom moći. Slično tomu, Bog je pripravio taj put koji se može učiniti ludim ili slabim i skrivao ga dugo vrijeme.

Bog je držao Isusa Krista i Njegovo raspeće u tajnosti jer bi neprijateljski đavao i sotona, da su znali za to, omeli put ljudskoga spasenja. Đavao nikad ne bi bio ubio Isusa na križu da je znao da je Bog pripravio put spasenja preko križa kako bi sve ljude otkupio od grijeha, spasio ih od smrti i povratio Adamovu vlast od đavla.

I opet, sjetimo se Prve Poslanice Korinćanima 2:7-8: "*Naprotiv, navješćujemo mudrost Božju, u obliku tajne, skritu, koju Bog od vječnosti predodredi za našu slavu. Nju nije shvatio ni jedan od knezova ovoga svijeta. Jer, da su je shvatili, ne bi Gospodina slave razapeli.*"

Isus ispunjava uvjete prema zakonu

Budući da svaki ugovor ima svoje odredbe, i u duhovnom kraljevstvu postoji pravilo, prema kojemu otkupitelj mora ispunjavati uvjete da povrati izgubljenu Adamovu vlast od đavla u skladu sa zakonom otkupljivanja zemlje.

Pretpostavimo, primjerice, da postoji neki čovjek koji se suočava s bankrotom poslovanja. On je u velikim dugovima, ali ih ne može otplatiti. Ako ima imućnog brata, koji ga ljubi, njegov će brat smjesta otplatiti sve njegove dugove.

Svim ljudima koji su grješnici od Adamova pada potreban je otkupitelj, koji ispunjava uvjete da ih očisti od grijeha. Pa koji su, onda, uvjeti koje taj otkupitelj mora ispunjavati? Zašto u Bibliji stoji da samo Isus ispunjava uvjete za to?

Kao prvo, otkupitelj mora biti čovjek

U Levitskom zakoniku 25:25 stoji: *"Ako tvoj brat zapadne u škripac te moradne prodati dio svoje očevine, neka dođe njegov najbliži izbavitelj i otkupi što je njegov brat prodao."* Zakon otkupljivanja zemlje kaže da ako čovjek osiromaši i proda svoju imovinu, njegov najbliži izbavitelj može otkupiti što je on prodao.

U Prvoj Poslanici Korinćanima 15:21-22 stoji: *"Budući da je po čovjeku došla smrt, po čovjeku dolazi i uskrsnuće mrtvih. Jer, kao što zajedno s Adamom svi umiru, tako će i u Kristu, svi biti oživljeni."* Prvi uvjet koji Otkupitelj, koji može povratiti Adamovu vlast, mora ispuniti jest da on mora biti čovjek. Ta je činjenica još jednom opisana u pojedinosti i u Otkrivenju 5:1-5:

Potom u desnici Onoga koji je sjedio na prijestolju opazih knjigu ispisanu iznutra i izvana i zapečaćenu sa sedam pečata. I opazih silna anđela kako jakim glasom viče: "Tko je dostojan otvoriti knjigu i razlomiti njezine pečate?" Ali, nitko na nebu ni na zemlji, ni pod zemljom ne mogaše otvoriti knjige, niti je čitati. I ja jako plakah što se nitko ne pronađe dostojan ni otvoriti knjige niti je čitati. Tada mi jedan od Staraca reče: "Nemoj plakati! Evo, pobijedio je Lav iz Judina plemena, Davidov Izdanak, te može otvoriti knjigu i njezinih sedam pečata!"

"Knjiga ispisana iznutra i izvana i zapečaćena sa sedam pečata" naznačuje ugovor sklopljen između Boga i đavla nakon što je Adam Bogu iskazao neposluh i postao grješnik. Apostol Ivan nije mogao pronaći nikoga tko bi bio dostojan razlomiti pečate i otvoriti knjigu ni na nebu ni na zemlji, ni pod zemljom.

A to je zato što anđeli na nebu nisu ljudi, a svi ljudi na zemlji su grješnici kao Adamovi potomci, a pod zemljom su samo zli duhovi koji pripadaju đavlu i mrtve duše koje će pasti u pakao.

U tom je trenutku jedan od Staraca rekao Ivanu: "Nemoj plakati! Evo, pobijedio je Lav iz Judina plemena, Davidov Izdanak, te može otvoriti knjigu i njezinih sedam pečata." Ovdje se "Davidov Izdanak" odnosi na Isusa, koji je rođen kao potomak kralja Davida iz plemena Judina (Djela Apostolska 13:22-23). Zato Isus ispunjava prvi uvjet zakona otkupljivanja zemlje.

Možda će neki reći: "Bog je apsolut. Isus je zacijelo Bog jer je On Sin Božji. On nipošto nije čovjek." Međutim, sjetimo se Evanđelja po Ivanu 1:1, u kojemu stoji: *"I Riječ bijaše Bog"* i Evanđelja po Ivanu 1:14, u kojem stoji: *"I doista, Riječ čovjekom postade i nastani se među nama."* Bog, koji bijaše Riječ, utjelovio se i živio na ovoj zemlji među nama.

Bio je to Isus, čiji je prvotna bit bio Bog i koji je postao tijelom, baš kao i čovjek. On bijaše Riječ u svojoj biti i Sin Božji. On je bio i ljudski i božanski. Međutim, On je rođen i odrastao na sliku čovječju u tijelu. Povijest čovječanstva podijeljena je na dva dijela, a dijeli ih vrijeme Isusova rođenja: pr.K., *prije Krista,* i p.K., *poslije Krista.* Već samo to svjedoči da je Isus postao tijelom i sišao na ovu zemlju. Isusovo rođenje, odrastanje i raspeće također su dio te očite činjenice.

Dakle, Isus je čovjek i kao takav ispunjava prvi uvjet da bude naš Otkupitelj.

Kao drugo, On ne smije biti Adamov potomak

Dužnik ne može otplatiti dugove drugih ljudi. Samo onaj tko nema nikakvih dugova i koji može pomoći drugima, može ih otplatiti. Isto tako, i otkupitelj svih ljudi mora biti bez grijeha i bez prijekora kako bi otkupio sve ljude od grijeha i od smrti. Svi su ljudi Adamovi potomci i grješnici jer je prvi čovjek, praotac svih ljudi, Adam zgriješio. Nijedan od njegovih potomaka ne ispunjava uvjete da postane otkupitelj svih ljudi jer su i oni sami grješnici. Čak ni najveći čovjek u povijesti ne može biti odgovoran za grijehe drugih ljudi.

Pa ispunjava li Isus i taj uvjet?

Evanđelje po Mateju 1:18-21 opisuje Isusovo rođenje. On je začet po Duhu Svetomu, ne sjedinjenjem muškarca i žene. U tom retku stoji:

A rođenje Isusa Krista bijaše ovako: Pošto je njegova majka Marija postala ženom Josipu – prije nego se sastaše – pokaza se trudnom po Duhu Svetom. Nato Josip, muž njezin, jer je bio pravedan i jer je nije htio javno osramotiti, naumi je potajno otpustiti. Pošto to on odluči, ukaza mu se u snu anđeo Gospodnji i reče: "Josipe, sine Davidov, ne boj se doma uzeti ženu svoju Mariju jer je u njoj začeto od Duha Svetoga. Rodit će sina kojemu ćeš nadjenuti ime Isus; jer, on će spasiti narod svoj od grijeha njegovih."

Isus je bio Davidov potomak prema svojem rodoslovlju (Evanđelje po Mateju 1; Evanđelje po Luki 3:23-37). Međutim, On je začet po Duhu Svetomu prije nego što se Marija sjedinila s Josipom. Dakle, On nije bio grješne naravi.

Svatko se rađa s iskonskim grijehom jer svatko nasljeđuje grješnu narav svojih roditelja. Drugim riječima, nakon što je Adam zgriješio, on je svoju grješnu narav dao u nasljeđe svim svojim potomcima. Tu grješnu narav nasljeđuju svi ljudi do dana današnjeg, a taj se grijeh zove "iskonskim grijehom". Iz tog razloga su svi Adamovi potomci grješnici i ne mogu otkupiti druge ljude.

Dakle, Bog Otac je planirao da Njegov Sin, Isus, bude začet

po Duhu Svetomu u utrobi Djevice Marije. Na taj je način Isus postao tijelom i sišao je na ovaj svijet, ali nije bio od Adamove loze.

Kao treće, On mora imati moć da nadvlada đavla

I opet nam Levitski zakonik 25:26-27 govori:

> *Ako nema koga da mu ga otkupi, a poslije i sam postane imućan te stekne sredstva da je otkupi, neka prebroji godine od prodaje, isplati kupcu svotu za preostalo vrijeme i vrati se na svoju očevinu.*

Ukratko, otkupitelj mora moći otkupiti prodanu zemlju. Siromašan čovjek ne može otplatiti dugove svojeg prijatelja čak ni kada bi to želio. Isto tako, ni otkupitelj ne smije imati grijeha kako bi mogao spasiti sve ljude od njihovih grijeha. Biti bez grijeha je snaga u duhovnom kraljevstvu.

Otkupitelj mora imati i moć da bi pobijedio neprijateljskog đavla i sotonu i povratio izgubljenu Adamovu vlast. To jest, Otkupitelj ne smije imati ni iskonski grijeh ni vlastitih grijeha. Samo bezgrešni otkupitelj može pobijediti đavla i osloboditi sve ljude od đavla.

Je li Isus bio bezgrešan?
Isus nije imao iskonskog grijeha jer je On začet po Duhu Svetomu. U potpunosti je održavao zakon Božji jer je odrastao pod nadzorom bogobojaznih roditelja. S ljubavlju je udovoljavao

tom zakonu. Osmoga dana po rođenju bio je obrezan (Evanđelje po Luki 2:21). Nikada nije počinio vlastitog grijeha i samo se pokoravao volji Boga Oca sve dok ga nisu razapeli u dobi od 33 godine (Prva Petrova Poslanica 2:22-24; Poslanica Hebrejima 7:26).

Isus je uspio pobijediti đavla i otkupiti sve ljude jer On uopće nije imao grijeha. O Njegovoj "bezgrešnosti" svjedočila su i brojna Njegova moćna djela. Istjerivao je zloduhe, činio da slijepi progledaju, gluhi čuju, a hromi prohodaju i ozdravljao je sve vrste neizlječivih bolesti. Utišao je veliku oluju i zaustavio jaki vjetar kad je zaprijetio vjetru i zapovjedio moru: "Utišaj se! Umukni!" (Evanđelje po Marku 4:39).

Naposljetku, On mora imati požrtvovnu ljubav

Čak ni bogat čovjek ne bi otkupio zemlju da ne gaji ljubav prema čovjeku koji je zemlju prodao. Isto tako, i otkupitelj mora gajiti ljubav prema grješnicima, pa čak u toj mjeri da žrtvuje samoga sebe kako bi jednom i zauvijek riješio sve probleme grijeha.

U Knjizi o Ruti 4:1-6 Boaz je bio svjestan Noeminog siromaštva i rekao je njezinu najbližem izbavitelju–otkupitelju – da otkupi njezinu zemlju ako to želi. No, taj je čovjek ipak odbio i rekao Boazu: *"E, onda ne mogu biti otkupnik, da ne raspem svoje baštine. Otkupi ti po svome skrbničkom pravu jer ja ne mogu."* (redak 6). On nije otkupio zemlju za Noemi i Rutu, bez obzira što je bio dovoljno bogat da bi to mogao učiniti. A to je zato što nije imao požrtvovne ljubavi. Napokon, Boaz, najbliži izbavitelj-otkupitelj, otkupio je zemlju jer je imao takvu požrtvovnu ljubav.

Boaz je postao i pravni otkupitelj i oženio se Rutom jer je imao dovoljno ljubavi da otkupi Noeiminu zemlju. Sin, kojega su rodili Boaz i Ruta, bio je prapradjed kralja Davida i zabilježen je u Isusovom rodoslovlju.

Isus je raspet u ljubavi. Isus bijaše Riječ, ali postade tijelom i siđe na ovu zemlju. On nije bio Adamov potomak jer je začet po Duhu Svetomu. Pa je tako On rođen bez iskonskoga grijeha. Imao je moć da otkupi sve ljude od grijeha jer je On sam bio bezgrešan.

Međutim, ne bi bio mogao postati Otkupitelj da nije imao duhovnu i požrtvovnu ljubav, čak i uza sva tri prethodno ispunjena uvjeta. Morao je na se primiti kaznu za grijehe na koju su osuđeni grješnici kako bi otkupio sve ljude od grijeha.

Morali su s Njim postupati kao s najozbiljnijim i najopasnijim kriminalcem i razapeti Ga na priprosti drveni križ. Morali su ga vrijeđati i udarati, i morala se iz Njegova tijela proliti krv i voda za spas svih ljudi. Morao je platiti visoku cijenu i prinijeti veliku žrtvu.

Nigdje u ljudskoj povijesti ne možete naći primjer u kojemu je princ bez prijekora umro za svoj zao i glup narod. Isus je Sin Jedinorođenac Boga Svemogućega, Kralj nad kraljevima, Gospodar nad gospodarima, i Vladar svih stvorenja. Takav veličanstveni, plemeniti i besprijekorni Isus razapet je na križ i umro je prolijevajući svoju krv. Koliku je neizmjernu ljubav On gajio prema nama?

Isus je, zapravo, činio samo dobra djela cijelog svog života. Grješnicima je davao oprost, ozdravljao svakovrsne bolesnike, izgonio zloduhe iz mnogih, donosio radosnu vijest o miru, radosti i ljubavi, a ljudima je davao ozbiljnu nadu u raj i spasenje. Ponad svega, dao je i svoj život za grješnike.

U Poslanici Rimljanima 5:7-8 stoji: *"Dakako, teško netko umire za pravednika, a za dobra čovjeka možda bi se netko i usudio umrijeti. Ali, Bog pokaza svoju ljubav prema nama time što je Krist, dok smo još bili grješnici, umro za nas."* Bog Otac poslao je svoga Sina Jedinorođenca Isusa za nas, koji nismo ni pravedni ni dobri, i dopustio da On bude razapet na križu i da umre na njemu. Na taj je način pokazao svoju veliku ljubav.

Zato ja molim u ime Gospodinovo da shvatite da ne možete biti spašeni ni u čije drugo ime, osim u ime Isusa Krista, da zadobijete pravo da postanete dijete Božje priznavanjem Isusa Krista i da uvijek uživate u pobjedničkom životu, uvjereni u spasenje!

5. Poglavlje

ZAŠTO JE ISUS NAŠ JEDINI SPASITELJ?

- Providnost spasenja putem Isusa Krista
- Zašto je Isus razapet na drveni križ?
- Nema drugoga imena na svijetu osim
  "Isus Krist"

On je onaj kamen koji ste vi graditelji odbacili, a koji postade kamenom zaglavnim. Nema spasenja ni u komu drugomu, jer pod nebom nema drugoga imena koje je dano ljudima po kojem treba da budemo spašeni.

Djela Apostolska 4 :11-12

Ljubit ćete Boga svim srcem svojim kad spoznate Njegovu duboku i brižljivu providnost kultivacije ljudi. Štoviše, morate se diviti Njegovoj ljubavi i mudrosti kad spoznate providnost spasenja putem Isusa Krista.

Pa kako je, onda, Isus Krist ispunio providnost spasenja, koja bijaše skrita od početka vremena? Ranije sam Vam rekao da je Bog pravednosti pripravio Jednoga koji ispunjava sve uvjete da otkupi sve ljude u skladu s duhovnim zakonom i da nema nikoga drugoga pod nebom, osim Isusa, koji ispunjava sve te uvjete.

Isus je jedini koji je bio čovjek, ali nije bio iz loze Adamove, jer je On začet po Duhu Svetomu i jer je na ovu zemlju došao u tijelu. Osim toga, On je imao i moć i ljubav da otkupi sve ljude. Pa je tako mogao otvoriti put spasenja svim ljudskim bićima svojim raspećem.

Zato u Djelima Apostolskim 4:12 stoji: *"Nema spasenja ni u komu drugomu, jer pod nebom nema drugoga imena koje je dano ljudima po kojem treba da budemo spašeni."* Svakome tko prizna i vjeruje u Isusa Krista, opraštaju se svi grijesi i on će biti spašen. On će iz tame izići na svjetlo i primiti vlast i blagoslove djece Božje.

Sad ću vam objasniti zašto morate vjerovati u Isusa, koji je razapet kako bi Vas spasio i kako biste Vi primili vlast i blagoslove djece Božje.

Providnost spasenja putem Isusa Krista

Bog je pripravio put spasenja prije početka vremena. U Knjizi Postanka nalazimo proroštvo o Isusu i tajni ljudskog spasenja putem križa.

U Knjizi Postanka 3:14-15 stoji:

> *Nato Jahve, Bog, reče zmiji: "Kad si to učinila, prokleta bila među svim životinjama i svom zvjeradi divljom! Po trbuhu svome puzat ćeš i zemlju jesti sveg života svog! Neprijateljstvo ja zamećem između tebe i žene, između roda tvojeg i roda njezina: on će ti glavu satirati, a ti ćeš mu vrebati petu."*

Kao što smo raspravljali u prethodnom tekstu, "zmija" se, duhovno, odnosi na neprijateljskog đavla, a "jesti zemlju" simbolizira neprijateljskog đavla koji vlada nad ljudima napravljenima od praha zemaljskog. "Žena" predstavlja "Izrael," a "rod ženin" odnosi se na Isusa. Fraza "Ti [zmija] ćeš mu vrebati petu" simbolizira da će Isus biti razapet, a "on [rod ženin] će ti [zmiji] glavu satirati" implicira da će Isus razbiti tabor neprijateljskog đavla i sotone uskrsnućem od mrtvih.

Sotona nije mogao shvatiti Božji plan

Bog je skrio ovu providnost spasenja u tajni kako neprijateljski đavao i sotona ne bi shvatili Njegovu mudrost.

Neprijateljski đavao i sotona pokušali su pobiti ženin rod prije nego što su satrti. Mislili su da će zauvijek imati vlast nad njim, koju im je predao Adam, neposlušan Bogu. Međutim, neprijateljski đavao i sotona nisu znali tko je rod ženin. Tako su pokušavali pobiti proroke koje je Bog ljubio još iz doba Starog zavjeta.

Kad se Mojsije rodio, neprijateljski đavao i sotona naveli su faraona, kralja egipatskoga, da ubije svako novorođeno dijete hebrejskih žena (Knjiga Izlaska 1:15-22). Kad je Isus začet po Duhu Svetomu i kad se utjelovio na zemlji, neprijateljski đavao i sotona naveli su kralja Heroda da učini to isto.

Međutim, Bog je već znao za plan neprijateljskog đavla i sotone. Anđeo Gospodnji ukazao se Josipu u snu i rekao mu da ide u Egipat s djetetom i majkom. Bog je dopustio da obitelj živi ondje sve dok kralj Herod nije umro.

Bog dopušta Isusovo raspeće

Isus je odrastao pod Božjom zaštitom i započeo svoju službu od 30. godine. Obilazio je po cijeloj Galileji učeći u njihovim sinagogama, ozdravljajući svaku bolest i nemoć u narodu, dižući od mrtvih i propovijedajući Radosnu vijest siromašnima (Evanđelje po Mateju 4:23, 11:5).

U međuvremenu, neprijateljski đavao i sotona ponovno su planirali da navedu poglavare svećeničke, pismoznance i farizeje da ubiju Isusa. Međutim, kao što i sami znate iz Biblije, zao čovjek nije mogao ni dotaknuti Isusa jer su se svi događaji u Njegovu životu odvijali u Božjoj providnosti.

Bog je dopustio neprijateljskom đavlu i sotoni da razapnu Isusa tek nakon tri godine Njegova službovanja. Kao rezultat toga, Isus je nosio trnovu krunu i umro na križu podnoseći velike boli probijanja svojih ruku i stopala čavlima.

Raspeće je bilo najokrutniji način smaknuća. Neprijateljski đavao bio je iznimno zadovoljan nakon što je dao pogubiti Isusa na tako okrutan način. Sotona je pjevao o pobjedničkoj radosti jer je mislio da će nastaviti vladati svijetom jer više nije bilo nikoga, tko bi mogao osujetiti njegovu vladavinu. No, tu je ipak bila skrita tajna providnosti Božje.

Neprijateljski đavao i sotona krše duhovni zakon

Bog se ne koristi svojom apsolutno suverenom vlašću protivno zakonu jer je On pravedan. On je pripravio put spasenja u skladu s duhovnim zakonom još prije početka vremena jer On sve čini prema duhovnom zakonu.

Budući da je plaća grijeha smrt prema duhovnom zakonu (Poslanica Rimljanima 6:23), nitko se ne suočava sa smrću ako nema grijeha. Međutim, neprijateljski đavao i sotona razapeli su Isusa koji ne počini grijeha i u ustima Njegovim ne bi prijevare (Prva Petrova Poslanica 2:22-23). Kad je to učinio, neprijateljski đavao je prekršio duhovni zakon i bio je obmanut svojom vlastitom prijevarom. Postao je instrumentom ljudskog spasenja koje je Bog planirao. Rod ženin satirao mu je glavu, baš kao što je prorokovano u Knjizi Postanka.

Općenito gledano, zmija će još uvijek preživjeti ako joj stanete na rep ili otkinete tijelo, ali ne može preživjeti ako joj čvrsto držite glavu. Otud i fraza: "Neprijateljstvo ja zamećem između tebe i žene, između roda tvojeg i roda njezina: on će ti glavu satirati, a ti ćeš mu vrebati petu," što duhovno znači da će neprijateljski đavao izgubiti svoju moć i vlast zbog Isusa Krista. Zmija koja grize za petu rod ženin duhovno znači da će sotona razapeti Isusa, a to se i ispunilo kako je rečeno u Knjizi Postanka 3:15.

Spasenje putem Isusova raspeća

Put spasenja koji je Bog skrio još prije početka vremena ispunio se kada je Isus uskrsnuo trećega dana po svojem raspeću.

Prije otprilike 6.000 godina Adam je svoju vlast, koju mu je Bog dao, morao predati neprijateljskom đavlu jer je prekršio zakon duhovnog kraljevstva svojim neposluhom (Evanđelje po Luki 4:6). Međutim, nakon 4.000 godina sotona je morao krenuti putom uništenja jer je prekršio duhovni zakon.

I zato, neprijateljski đavao morao je osloboditi one koji priznaju Isusa Krista kao svojeg Spasitelja i koji vjeruju u Njegovo ime, a oni su zadobili pravo da postanu djeca Božja. Bi li neprijateljski đavao bio razapeo Isusa da je znao za tu mudrost Božju? Uopće ne! U Prvoj poslanici Korinćanima 2:8 podsjećamo se: *"Nju nije shvatio ni jedan od knezova ovoga svijeta. Jer, da su je shvatili, ne bi Gospodina slave razapeli."*

Oni koji ni danas ne shvaćaju tu činjenicu opet se pitaju: "Zašto Bog Svemogući nije mogao zaštititi svojega Sina od smrti? Zašto je dopustio da On umre na križu?" Međutim, ako u potpunosti razumijete providnost križa, znat ćete zašto je Isus morao biti razapet i kako je uspio postati Kraljem nad kraljevima i Gospodarom nad gospodarima nakon svoje veličanstvene pobjede nad neprijateljskim đavlom. Dakle, svatko tko vjeruje u Isusa Spasitelja, koji je umro na križu i uskrsnuo nakon tri dana kako bi otkupio sve ljude od grijeha, može biti proglašen pravednim i biti spašen.

Zašto je Isus razapet na drveni križ?

Pa zašto je, onda, Isus razapet na drveni križ? Zašto baš drveni križ? Od svih raznovrsnih metoda smaknuća Isus je umro na drvenom križu. Prema Poslanici Galaćanima 3:13-14, tri su duhovna razloga zašto je Isus razapet na drveni križ.

Kao prvo, da nas otkupi od prokletstva Zakona

U Poslanici Galaćanima 3:13 stoji: *"Krist nas je otkupio od prokletstva Zakona postavši za nas prokletstvom – stoji, naime, pisano: 'Proklet svaki koji je obješen na drvo!'"* To se objašnjava time da nas je Isus otkupio od prokletstva Zakona tako što su ga objesili na drveni križ.

Svi su ljudi bili prokleti, a time i osuđeni na put smrti zbog neposluha prvoga čovjeka, Adama, kao što je zapisano u Poslanici Rimljanima 6:23: *"Plaća grijeha je smrt."* Međutim, Bog je za čovječanstvo žrtvovao svog Sina Isusa i dopustio da On bude obješen na drveni križ kako bi ih otkupio od prokletstva Zakona (Ponovljeni zakon 21:23).

Nadalje, Isus je prolio svoju dragocjenu krv na križu. Promotrimo retke 11 i 14 iz Levitskog zakonika 17:

Jer je život živoga bića u krvi. Tu krv ja sam vama dao da na žrtveniku njome obavljate obred pomirenja za svoje živote. Jer krv je ono što ispašta za život. (r. 11).

Jer život svakoga živog bića jest njegova krv. (r. 14).

Autor Levitskog zakonika piše da je krv život jer je svakom stvorenju potrebna krv kako bi živjelo i umrlo bi bez nje.

Međutim, kad netko umre, tijelo mu se pretvara u prah, a duša ide ili u raj ili u pakao. Za zadobivanje života vječnoga moraju Vam biti oprošteni svi grijesi Vaši. Za oproštenje sviju grijeha mora se proliti krv, kao što je zapisano u Poslanici Hebrejima 9:22: *"I po Zakonu se gotovo sve čisti krvlju. I bez prolijevanja krvi nema oproštenja."* Upravo su iz tog razloga ljudi iz doba Starog zavjeta morali prinositi životinjsku krv kad god bi zgriješili. No, Isus je prolio svoju dragocjenu krv jednom zauvijek kako bi se svim ljudima oprostili grijesi i kako bi oni zadobili život vječni jer On sam nije imao ni iskonskoga grijeha niti je sam počinio grijeha.

Slično tomu, i Vi možete zadobiti život vječni zbog Isusove dragocjene krvi. To jest, Isus je umro umjesto Vas i otvorio Vam vrata na putu postanka djetetom Božjim.

Kao drugo, da nam dadne Abrahamov blagoslov

U prvoj polovici retka Poslanice Galaćanima 3:14 stoji: *"da bi Kristom Isusom poganima došao Abrahamov blagoslov."* To znači da Bog daje blagoslov, koji je dao i Abrahamu, ne samo Izraelcima, nego i svim poganima koji su proglašeni pravednima time što su priznali Isusa kao svog Spasitelja.

Abrahama su zvali "ocem vjere" i "prijateljem Božjim," a on je živio blagoslovljen djecom, zdravljem, dugim životom, bogatstvom i tako dalje. Razlog zbog kojega je Abraham bio blagoslovljen u tolikom izobilju zapisan je u Knjizi Postanka 22:15-18:

> *Anđeo Jahvin zovne Abrahama s neba drugi put i reče: "Kunem se samim sobom, izjavljuje Jahve: Kad si to učinio i nisi mi uskratio svog jedinca sina, svoj ću blagoslov na te izliti i učiniti tvoje potomstvo brojnim poput zvijezda na nebu i pijeska na obali morskoj! A tvoji će potomci osvajati vrata svojih neprijatelja. Budući da si poslušao moju zapovijed, svi će se narodi zemlje blagoslivljati tvojim potomstvom."*

Abraham je poslušao kad mu je Bog rekao: *"Idi iz zemlje svoje, iz zavičaja i doma očinskog, u krajeve koje ću ti pokazati."* (Knjiga Postanka 12:1). On je također, bez ikakve izlike ili pritužbe, poslušao kad je Bog rekao: *"Uzmi svoga sina, jedinca svoga Izaka koga ljubiš, i pođi u krajinu Moriju pa ga ondje prinesi kao žrtvu paljenicu na brdu koje ću ti pokazati."*

(Knjiga Postanka 22:2). To je Abrahamu bilo moguće jer je on vjerovao Bogu koji može oživljavati mrtve (Poslanica Hebrejima 11:19). On je mogao biti blagoslov i otac vjere baš zato što je imao tako čvrstu vjeru.

I zato, djeca Božja koja priznaju Isusa kao svog Spasitelja trebala bi imati Abrahamovu vjeru. Tek ćete tada moći slaviti Boga primanjem svih ovozemaljskih blagoslova.

Kao treće, da primimo obećanje Duha

U drugoj polovici retka Poslanice Galaćanima 3:14 stoji: *"i da vjerom primimo obećanje Duha."* To znači da će svatko tko vjeruje da je Isus umro na drvenom križu za sva ljudska bića, biti oslobođen prokletstva zakona i primiti obećanje Duha Svetoga. Osim toga, i svakome tko prihvati Isusa kao Spasitelja, dat će se moć da postanu djeca Božja i Duha Svetoga kao dar i svjedočenje (Evanđelje po Ivanu 1:12; Poslanica Rimljanima 8:16).

Kad primite Duha Svetoga, Boga možete zvati "Abba, Oče naš" (Poslanica Rimljanima 8:15), ime će vam biti zapisano na nebesima u Knjizi života (Evanđelje po Luki 10:20), a domovina će vam biti u nebesima (Poslanica Filipljanima 3:20). A sve to zbog Duha Svetoga, koji je srce i snaga Božja, koji Vas vodi u život vječni pomažući Vam da razumijete Riječ Božju i da živite u skladu s Njegovom Riječi s vjerom.

Međutim, spašeni ćete biti ne samo kad priznate Isusa kao svojeg Spasitelja, nego i kad u svom srcu povjerujete da je On slomio vlast smrti i da je uskrsnuo. U Poslanici Rimljanima 10:9

stoji: *"Ako, naime, ustima svojim priznaš: 'Isus je Gospodin,'
a u srcu svojemu povjeruješ: 'Bog ga je uskrisio od mrtvih,' bit
ćeš spašen."*

Prije početka vremena Bog je odredio taj veliki plan da svi
koji povjeruju da je Isus Spasitelj postanu sjedinjeni s Bogom i da
ih odvede na put spasenja. Taj je plan čudesan i tajanstven.
Ljudska bića morala su ići putom smrti zbog grijeha prvoga
čovjeka prema zakonu duhovnog kraljevstva, koji kaže: "Plaća
grijehe je smrt." Međutim, oni su se uspjeli osloboditi od
prokletstva zakona i spasiti u vjeri po istom tom zakonu jer je
sotona prekršio zakon duhovnog kraljevstva.

Ljudska su bića morala podnositi boli, nevolje i smrt koje je
na njih donio neprijateljski đavao kad su postali robovi grijeha
zbog neposluha. Međutim, svatko tko prizna Isusa kao Spasitelja
i primi Duha Svetoga, može zadobiti spasenje, život vječni i
obilje blagoslova.

Povlastica i blagoslov dani djeci Božjoj

Svakome tko otvori svoje srce i prizna Isusa Krista, oprošteno
je, on dobija pravo da postane djetetom Božjim i da u svom srcu
uživa u miru i radosti. To je moguće jer je Isus jednom i zauvijek
na se uzeo sve grijehe naše svojim raspećem. Tako u Psalmima
103:12 stoji: *"Kako je istok daleko od zapada, tako udaljuje od
nas bezakonja naša."* A u Poslanici Hebrejima 10:16-18 stoji:
*"Ovo će biti Savez koji ću sklopiti s njima poslije ovih dana –
veli Gospodin: Stavit ću zakone svoje u srca njihova i upisat
ću ih u pamet njihovu, a grijeha se njihovih i bezakonja*

njihovih zaista više neću sjećati. A gdje su grijesi oprošteni, nema više prinosa za grijeh."

Ne postoji ništa na ovom svijetu što bi bilo vrijedno da se usporedi s pravom djece Božje danom po vjeri. U ovome svijetu vrlo je moćno pravo djece kraljeve ili predsjednikove. Pa koliko je, onda, veliko pravo djece Boga Stvoritelja koji vlada ovim svijetom i upravlja ljudskom poviješću i svemirom?

Bog ne smatra pravom vjerom samo kad kažete: "Isus je Spasitelj." Trebali biste i razumjeti tko je to Isus Krist, zašto je On za Vas jedini Spasitelj i imati pravu vjeru na temelju tih spoznaja. Pa onda, s tom pravom vjerom, možete shvatiti i providnost Božju skrivenu u križu i priznati: "Gospodin je Krist i Sin Boga živoga." Nadalje, možete živjeti po Božjoj volji. Bez te prave vjere vrlo je teško imati vjeru koja dolazi iz srca i živjeti po Riječi Božjoj. I zato nam Isus u Evanđelju po Mateju 7:21 govori: *"Neće svaki koji mi govori: 'Gospodine, Gospodine!' ući u kraljevstvo nebesko, nego onaj koji vrši volju moga nebeskog oca."* Isus je eksplicitno izjavio da će biti spašeni samo oni koji Isusa nazivaju: "Gospodine, Gospodine!" i koji žive po Riječi Božjoj.

Nema drugoga imena na svijetu osim "Isus Krist"

U Djelima apostolskim 4 prikazan je prizor u kojemu Petar i Ivan neustrašivo svjedoče o imenu Isusa Krista pred Velikim

vijećem. Oni su iskreno vjerovali da nema drugoga imena osim
"Isus Krist" po kojemu se može zadobiti spasenje, a Petar,
napunjen Duhom Svetim, dobio je moć da kaže: *"Nema
spasenja ni u komu drugomu, jer pod nebom nema drugoga
imena koje je dano ljudima po kojem treba da budemo
spašeni"* (Djela Apostolska 4:12).

Koje su duhovne implikacije u imenu "Isus Krist?" I zašto
nam Bog nije dao nijedno drugo ime osim Isus Krist po kojemu
treba da budemo spašeni?

Razlika između "Isus" i "Isus Krist"

U Djelima Apostolskim 16:31 stoji: *"Povjeruj u Gospodina
Isusa – odgovoriše mu – pa ćeš biti spašen, ti i tvoj dom."*
Postoji važan razlog zašto tu stoji "Gospodin Isus," a ne samo
"Isus."

Ovdje se "Isus" odnosi na čovjeka koji će spasiti svoj narod od
njihovih grijeha. "Krist" je grčka riječ koja na hebrejskom znači
"Mesija." To je onaj "koga si pomazao" (Djela Apostolska 4:27) i
stoga se odnosi na Spasitelja koji je Posrednik između Boga i
ljudi. To jest, "Isus" je ime budućeg spasitelja, ali je "Krist" ime
Spasitelja koji je već spasio ljude.

Tijekom doba Starog zavjeta Bog je pomazao osobu koja će
biti kralj ili svećenik ili prorok izlijevanjem ulja na glavu onoga
koji treba da bude pomazan (Levitski zakonik 4:3; Prva knjiga o
Samuelu 10:1; Prva Knjiga o Kraljevima 19:16). Ulje simbolizira
Duha Svetoga. I zato, pomazati nekoga znači dati Duha Svetoga
osobi koju je Bog odabrao.

Isusa su pomazali kao kralja, vrhovnog svećenika i proroka, i on se utjelovio i sišao na ovaj svijet da spasi sva ljudska bića u skladu s providnosti Božjom koja nam je predodređena prije početka vremena. Razapet je da nas otkupi, i postao je našim Spasiteljem svojim uskrsnućem trećega dana. Sukladno tome, On je Spasitelj koji je ispunio Božju providnost spasenja. To jest, On je Krist.

Kad govorimo o Isusu prije raspeća, nazivamo Ga samo "Isusom". Međutim, nakon raspeća i uskrsnuća Njega treba nazivati "Isusom Kristom," "Gospodinom Isusom" ili "Gospodinom."

Trebali biste znati da postoji velika razlika u moći između imena "Isus" i "Isus Krist." Isus je ime kojim su Ga nazivali prije nego što je ispunio providnost spasenja i neprijateljski đavao se tog imena ne boji u velikoj mjeri. Međutim, ime "Isus Krist" implicira sljedeće tri stvari: krv koja nas je otkupila od naših grijeha, uskrsnuće koje je slomilo vlast smrti i život koji je vječan. No, pred tim imenom neprijateljski đavao dršće u strahu.

Mnogi zanemaruju tu činjenicu jer ne razumiju tu razliku. Međutim, istina je da se Božja djela i odgovori razlikuju, ovisno o tome koje ime zazoveš (Djela Apostolska 3:6).

Kad se moliš Bogu u ime Gospodina našega, Isusa Krista, i imaš na umu ovu činjenicu, vodit ćeš pobjedonosan život pun hitrih i iscrpnih odgovora od Boga Svemogućega.

Isusova potpuna poslušnost

I premda je Isus u samoj svojoj biti bio Bog, On nije smatrao da se jednakost s Bogom može shvatiti, niti se prilijepio za svoja prava kao Bog. Od sebe samoga učinio je ništa. Poprimio je ponizan stav roba i pojavio se u vidu ljudskog bića.

Dobar sluga nema svoje volje. On djeluje po volji svojeg gospodara umjesto po svojoj vlastitoj. Dužnost je svakog sluge da se pokori volji svojeg gospodara, bez obzira slagala se ona s njegovom vlastitom voljom ili osjećajima. Isus je bio poslušan volji Božjoj srcem dobrog sluge i tako je ispunio svoje poslanje ljudskog spasenja.

Bog je Isusa, koji je slušao volju Božju govoreći: "Da" i "Amen," uzvisio na najviše mjesto i omogućio da Ga sad brojni ljudi priznaju kao Gospodina.

> *Zato ga Bog i uzvisi iznad sviju i dade mu Ime, koje je veće od svih imena, da svi na nebesima, na zemlji i pod zemljom prignu svoja koljena pred Imenom Isusovim, i svaka usta priznaju: 'Isus Krist je Gospodin' – na slavu Boga, Oca. (Poslanica Filipljanima 2:9-11).*

Ime "Gospodin Isus" svjedoči o Božjoj moći

U Evanđelju po Ivanu 1:3 stoji: *"Sve po njoj postade, i bez nje ne postade ništa što postoji."* Budući da je sve na svijetu stvoreno po Isusu, On ima vlast da vlada nad svim kao Stvoritelj. Kad bi Isus, Sin Boga Stvoritelja, zapovjedio, neživa bića, poput olujnog vjetra i valova, pokoravali su mu se i utišali, a smokvino drvo se smjesta osušilo kad ga je On proklео.

Isus je imao vlast da oprašta grijehe i da spasi grješnike od kazne za njihove grijehe. Tako je Isus u Evanđelju po Mateju 9:2 rekao uzetome: *"Ohrabri se, sinko! Opraštaju ti se grijesi!"*, a u retku 6 kaže: *"'Ali, da znadete da Sin Čovječji ima vlast na zemlji opraštati grijehe: ustani – reče tada uzetome – i idi svojoj kući!'"*

Povrh toga, Isus je imao moć ozdravljenja svake bolesti i nemoći, pa i oživljavanja mrtvih. U Evanđelju po Ivanu 11 opisan je prizor u kojemu mrtvi Lazar izlazi iz svojeg groba obavijen povojima po rukama i nogama kad ga je Isus jakim glasom zazvao: "Lazare, iziđi!" Bio je mrtav već četiri dana i već je zaudarao, ali je iz groba izišao kao zdrav čovjek.

Slično tomu, i Vama Isus daje sve što od Njega zatražite s vjerom jer On ima čudesnu moć Božju.

Isus Krist, ljubav Božja

Kao što stoji u Prvoj Ivanovoj poslanici 4:10: *"U ovome je ljubav: nismo mi ljubili Boga, nego je on ljubio nas i poslao Sina svojega kao žrtvu pomirnicu za grijehe naše."* Bog nam je pokazao svoju čudesnu ljubav. Poslao je svog Sina Jedinorođenca kao žrtvu pomirnicu dok smo još bili grješnici. Bog je morao pretrpjeti veliku bol i otvoriti put ljudskog spasenja kad je Njegov Sin, Isus, čavlima pribijan na križ i kad je prolio svoju krv. Kao se osjećao Bog ljubavi dok je morao gledati kako razapinju Njegova Sina Jedinorođenca, Isusa? Bog nije mogao sjediti prekrštenih ruku na svojem prijestolju i to mirno gledati. U Evanđelju po Mateju 27:51-54 opisano je koliko je samo Bog patio dok su Isusa razapinjali.

Odjednom se hramski zastor razdera na dvoje, od gore do dolje; zemlja se potrese, pećine se raspuknuše, a grobovi otvoriše, te uskrsnuše mnoga tijela svetaca što bijahu umrli. Iziđoše iz grobova poslije Isusova uskrsnuća, dođoše u Sveti grad i pokazaše se mnogima. Kad stotnik i oni koji su s njim čuvali Isusa primijetiše potres i ostale događaje, silno se prestrašiše te rekoše: "Uistinu, ovaj bijaše Sin Božji!"

To nam jasno pokazuje da Isus nije bio razapet zbog svojih vlastitih grijeha, nego zbog velike ljubavi Boga koji je htio sve ljude dovesti na put spasenja. Međutim, mnogi još uvijek ne priznaju ili ne razumiju tu čudesnu ljubav Božju.

Nakon Adamova neposluha ljudska bića više nisu mogla biti s Bogom i postala su ljudi grješne naravi. Međutim, Isus je sišao na zemlju i postao Posrednikom između Boga i nas kako bi mogao svim ljudima dati blagoslove Emanuela (Evanđelje po Mateju 1:23). Po Isusovoj boli i patnjama na križu mi zadobivamo pravi mir i počinak.

I zato, nadam se da razumijete veliku ljubav Boga, koji nam je dao svog Sina Jedinorođenca kao otkupninu da nas otkupi od grijeha naših i od vječne smrti, i požrtvovnu ljubav Gospodina našega, koji je, iako je bio bez prijekora, bio razapet u naše ime i otvorio nam put spasenja.

6. Poglavlje

PROVIDNOST KRIŽA

- Rođen u štalici i položen u jaslice
- Isusov život u siromaštvu
- Bičevan i prolio svoju krv
- S trnovom krunom
- Isusove haljine i košulja
- Čavlima Mu probodene ruke i noge
- Isusove golijeni nisu prebijene,
  ali Mu je bok proboden kopljem

A on je naše bolesti ponio, naše je boli na se uzeo, dok smo mi držali da ga Bog bije i ponižava. Za naše grijehe probodoše njega, za opačine naše njega satriješe. Na njega pade kazna – radi našeg mira, njegove nas rane iscijeliše. Poput ovaca svi smo lutali i svaki svojim putem je hodio. A Jahve je svalio na nj bezakonje nas sviju.

Izaija 53 :4-6

U Božjem planu zadobivanja prave djece najvažniji dio je taj da je Isus u tijelu sišao na ovaj svijet, da je ponižavan svakom vrstom patnje, i da je umro na križu. Po svemu tome On je postigao put spasenja ljudskih bića.

Božja providnost križa ima i duboko duhovno značenje. Isus, Sin Jedinorođenac Božji, odrekao se nebeske slave, rodio se u životinjskoj štalici i živio u siromaštvu cijelog svog života.

Osim toga, bio je bičevan i čavlima pribijen kroz ruke i noge, nosio je trnovu krunu i prolio krv i vodu kad su Mu bok probili kopljem. Svaka patnja koju je Isus podnio sadržava silnu ljubav Božju.

Kad u potpunosti shvatite duhovno značenje križa i Isusovih patnji, sigurno će vam srce biti dirnuto ljubavlju Božjom i zacijelo ćete zadobiti pravu vjeru. A možda ćete dobiti i odgovore na sve svoje nevolje u životu, kao što su siromaštvo i bolest, kao i vječno kraljevstvo nebesko.

Rođen u štalici i položen u jaslice

Isus, u svojoj biti pravi Bog, bio je gospodar svega na nebu i zemlji i najveličanstvenije biće. Pa ipak je u tijelu sišao na ovaj svijet da otkupi ljudska bića od grijeha i da ih povede na put spasenja.

Isus je Sin Jedinorođenac Boga Svemogućega Stvoritelja. Pa zašto On, onda, nije rođen na luksuznom mjestu ili barem u udobnoj sobici? Zar Bog nije mogao učiniti da se On rodi na veličanstvenom mjestu? Zašto je dopustio da se Isus rodi u štalici i položi u jaslice?

U tome leži duboko duhovno značenje. Morate znati da je, duhovno gledano, Isus rođen na najslavniji način. Pa čak i ako ljudi nisu mogli to vidjeti svojim fizičkim očima, Bogu je Isusovo rođenje bilo toliko milo da je malo dijete Isusa obavio svjetlima slave u prisustvu mnoštva nebesnika i anđela. Njegovo uzbuđenje možete osjetiti u Evanđelju po Luki 2:14, u kojemu je zabilježeno sljedeće: *"Slava je Bogu u visini i na zemlji Mir u ljudima njegove milosti."* Bog je pripravio i dobre pastire i Kraljeve s Istoka i vodio ih da slave malo dijete Isusa.

Sva ta hvala i slava dogodile su se jer će Isus otvoriti vrata spasenja svojim dolaskom na ovaj svijet, jer će mnoštvo ljudi ući u vječno kraljevstvo nebesko kao djeca Božja i jer će Isus, Sin Božji, postati Kraljem nad kraljevima i Gospodarom nad gospodarima.

Božja providnost skrivena u Isusovu rođenju

Kad se Isus rodio, Cezar August izdao je naredbu da se provede popis pučanstva u čitavom Rimskom carstvu. Židovski narod bio je pod kolonijalnom vlašću Rima i svi su se vraćali u svoja rodna mjesta kako bi se popisali i tako poslušali Cezarovu naredbu.

I Josip je, sa svojom zaručnicom Marijom, krenuo iz grada Nazareta u Galileji u Betlehem, grad Davidov, jer je pripadao rodu i lozi Davidovoj. Marija se obećala Josipu i začela dijete po Duhu Svetomu prije nego što su oni onamo krenuli, a tijekom svojeg boravka ondje rodila je svog Prvorođenca Isusa.

Ime "Betlehem" znači "Kuća kruha," a to je bio rodni grad kralja Davida (Prva knjiga o Samuelu 16:1). Mihej 5:2 piše o gradu Betlehemu sljedeće: *"A ti, Betleheme Efrato, najmanji među kneževstvima Judinim, iz tebe će mi izaći onaj koji će vladati Izraelom; njegov je iskon od davnina, od vječnih vremena. "* Bijaše prorokovano da će upravo Betlehem biti rodni grad Mesije.

U to vrijeme ni u jednom svratištu nije bilo mjesta za Mariju i Josipa jer je na tisuće ljudi došlo popisati se u Betlehem. Pa je Marija rodila malo dijete u štalici. Povila Ga je i položila u jaslice, dugački spremnik namijenjen hranjenju konja ili krava.

Pa zašto je, onda, Isus, koji je došao kao Spasitelj ljudskih bića, rođen na tako ponizan i skroman način?

Da otkupi ljude koji su nalik zvijerima

U Propovjedniku 3:18 stoji: *"Još rekoh u sebi: 'Ljudi se ponašaju tako da Bog može pokazati kakvi su uistinu, da su jedni drugima poput zvijeri.'"* Ljudi, koji su izgubili sliku Božju, nalik su zvijerima u Božjim očima. Prvi čovjek, Adam, izvorno je bio živo biće, stvoreno na sliku Božju. A bio je usto i čovjek duha jer ga je Bog učio samo Riječi istine.

Međutim, Adam je jeo od ploda stabla spoznaje dobra i zla

protivno Božjoj zapovijedi pa je njegov duh umro i on više nije mogao komunicirati s Bogom. Osim toga, više nije bio ni gospodar svih stvorenja. Sotona je potaknuo Adama da slijedi grješnu narav, a njegovo se čisto i iskreno srce preobrazilo u nečisto i neiskreno.

U svom svakodnevnom životu možda ste već čuli izraz: "Nije ništa bolji od životinje." A često i putem medija čujete za ljude koji nisu ništa bolji od životinja. Radi vlastite koristi oni lako obmanjuju i varaju svoje susjede, klijente, prijatelje i članove obitelji. Roditelji i djeca se mrze, a katkad se čini da su se spremni čak i poubijati.

Ljudi se usude činiti takva zlodjela jer je duša postala čovjekovim gospodarom otkako je njegov duh umro, a zbog svojih grijeha izgubili su i sliku Božju. Poput zvijeri, koje se sastoje samo od duše i tijela, ni takvi ljudi ne mogu ući u kraljevstvo nebesko niti smiju Boga zvati Abba, Oče naš. Isus je rođen u štalici da otkupi ljudska bića koja nisu ništa bolja od zvijeri.

Isus je prava duhovna hrana

Isusa su položili u jaslice, spremnik za hranjenje konja, kako bi On bio prava duhovna hrana ljudskim bićima koja nisu ništa bolja od životinja (Evanđelje po Ivanu 6:51).

Drugim riječima, božanska je providnost vodila čovjeka do ispunjavanja spasenja omogućujući mu da povrati izgubljenu sliku Božju i da vrši sve dužnosti čovjekove. Pa što su, onda, sve dužnosti čovjekove? Propovjednik 12:13-14 donosi nam neke uvide:

> *Čujmo svemu završnu riječ: "Boj se Boga, izvršuj njegove zapovijedi, jer – to je sav čovjek. Jer sva će skrivena djela, bila dobra ili zla, Bog izvesti na sud."*

Što znači "boj se Boga"? Mudre izreke 8:13 govore nam: *"Strah Gospodnji mržnja je na zlo."* Stoga, bojati se Boga znači više ne prihvaćati zlo te u isto vrijeme izbaciti svaku vrstu zloga iz nutrine svoga srca.

Ako se uistinu bojite Boga, trebali biste dati sve od sebe da odbacite svaku vrstu zloga i boriti se protiv grijeha i odbaciti ga u toj mjeri da biste bili spremni za to i krv svoju proliti. Kao što studenti naporno uče kako bi si osigurali bolju budućnost, i Vi biste trebali nastojati da se bojite Boga i da vršite sve dužnosti čovjekove kako biste uživali u Božjoj ljubavi i blagoslovu.

U Bibliji nalazimo Božje zapovijedi koje je On dao svojoj djeci, poput "čini ovo, ne čini ono, pridržavaj se toga, a odbaci ono." S jedne strane, Bog nam govori što bi djeca Božja trebala činiti, a to je "moliti, ljubiti, zahvaljivati i još mnogo toga." S druge strane, Bog nam zapovijeda da ne činimo ono što nas vodi u smrt, kao što su mržnja, preljub i pijanstvo.

On nam također govori da se držimo određenih zapovijedi, kao što su: "Svetkuj Dan Gospodnji," "Održavaj svoja obećanja" i tomu slično. Bog nas također potiče i da odbacimo sve što je štetno i kaže nam: "Izbjegavaj svaku vrstu zloga," "Odbaci svoju pohlepu" i tako dalje.

Sve dužnosti čovjekove su bojati se Boga i držati Njegove

zapovijedi. Bog će nas smatrati odgovornima za svako od naših djela na Sudnjem danu, za svako skriveno djelo, bilo ono dobro ili zlo. Pa onda, ako živite kao životinja ne vršeći sve dužnosti čovjekove, prirodno je da ćete pasti u pakao kao rezultat Božjega suda.

Na sličan način, i Isus je rođen u štalici i položen u jaslice da otkupi ljude koji nisu ništa bolji od životinja i da postane pravom duhovnom hranom za njih.

Isusov život u siromaštvu

U Evanđelju po Ivanu 3:35 stoji: *"Otac ljubi Sina i sve je stavio njemu u ruku."* A u Poslanici Kološanima 1:16 čitamo: *"Jer, u njemu bi stvoreno sve u nebesima i na zemlji, vidljivo i nevidljivo, bilo Prijestolja, bilo Gospodstva, bilo Poglavarstva, bilo Vlasti; sve je stvoreno po njemu i za njega."* Drugim riječima, Isus je jedini Sin Boga Stvoritelja i Gospodar svega na nebesima i na zemlji.

Pa zašto je, onda, On došao na ovaj svijet na vrlo ponizan i skroman način i živio u siromaštvu iako je u svojoj biti bio Bog Svemogući i preko svake mjere bogat?

Da otkupi ljude od siromaštva

U Drugoj Poslanici Korinćanima 8:9 stoji: *"Jer, poznata vam je ljubav Gospodina našega, Isusa Krista: on, koji bijaše bogat, postade radi nas siromašan da vi postanete bogati njegovim siromaštvom.*" U tom se pokazuje providnost čudesne ljubavi Božje. Isus, iako je bio Kralj nad kraljevima, Gospodar nad gospodarima, i Sin Jedinorođenac Boga Stvoritelja, odrekao se sve nebeske slave, sišao na ovaj svijet i živio u siromaštvu podnoseći prezir i loše postupanje ljudi prema njemu da otkupi ljudska bića od siromaštva.

U početku je Bog stvorio čovjeka da uzima i jede plodove bez znoja i da uživa u bogatom životu bez teškog truda. Međutim, nakon što je prvi čovjek, Adam, iskazao neposluh Riječi Božjoj i iskvario se, čovjek se mogao hraniti jedino teškim trudom i u znoju lica svoga. Zbog toga ljudi često žive u oskudici i siromaštvu.

Siromaštvo samo po sebi nije grijeh, pa Isus nije prolio svoju krv da nas otkupi od siromaštva. No ipak, siromaštvo je prokletstvo koje se manifestiralo nakon Adamova neposluha Bogu tako da Vas je Isus učinio bogatima time što je On živio u siromaštvu.

Neki kažu da Isusovo cjeloživotno siromaštvo znači i siromaštvo duha. Međutim, budući da je Isus začet po Duhu Svetomu i budući da je On jedno s Bogom Ocem, nije ispravno misliti da je On bio siromašan duhom.

Trebali biste imati na umu činjenicu da je Isus živio u siromaštvu kako bi Vas otkupio od siromaštva i kako biste Vi mogli voditi život u izobilju, zahvaljujući na ljubavi i milosrđu Božjem.

Neki kažu da je pogrešno moliti za novac. Drugi, pak, misle da, ako si kršćanin, moraš živjeti u siromaštvu. Pa ipak, to apsolutno nije volja Božja.

U Bibliji možemo pročitati brojne riječi blagoslova. Tako, primjerice, u Ponovljenom zakonu 28:2-6 čitamo:

> *Svi ovi blagoslovi sići će na te i stići će te ako budeš slušao glas Jahve, Boga svoga. Blagoslovljen ćeš biti u gradu, blagoslovljen u polju. Blagoslovljen će biti plod utrobe tvoje, rod zemlje tvoje, plod blaga tvoga: mlad krava tvojih i prirast stada tvoga. Blagoslovljen će biti tvoj koš i naćve tvoje. Blagoslovljen ćeš biti kad ulaziš, blagoslovljen kad izlaziš.*

Treća Ivanova poslanica 1:2 potiče nas: *"Ljubljeni, želim da u svakom pogledu budeš dobro i da budeš zdrav, kao što je tvoja duša dobro."* Bog je, zapravo, odabrao ljude poput Abrahama, Izaka, Jakova, Josipa i Danijela da svi oni vode vrlo bogate živote.

Da vodimo bogat život

U svojoj pravednosti Bog nam daje da žanjemo kako smo sijali. Baš kao što i roditelji žele svojoj djeci dati samo dobre stvari, i Bog koji Vas ljubi želi Vam dati sve što moleći pitate (Evanđelje po Marku 11:24).

Bog Vam želi dati odgovore i blagoslove, ali ne možete ništa primiti ako ne pitate ili ako pitate bez rasuđivanja. Dakle, ako pokušate požnjeti nešto, a da niste ništa posijali, rugate se Bogu i idete protiv duhovnog zakona.

Možda će neki reći: "Želim sijati, ali ne mogu jer sam jako

siromašan." Međutim, u Bibliji ćete naći mnoge koji su bili vrlo siromašni, ali su davali sve od sebe da nešto posiju i za nagradu su bili obilato blagoslovljeni.

U Prvoj knjizi o kraljevima 17 čitamo da je u zemlji vladala troipolgodišnja glad. I dok je još vladala glad, udovica u Sarfati Sidonskoj napravila je kolačić kruha za proroka Iliju pomoću šake brašna u ćupu i malo ulja u vrču, a to je bilo sve što je imala. Bogu je bilo toliko milo što ona služi Njegovom slugi i blagoslovio ju je u izobilju: u ćupu neće brašna nestati ni vrč se s uljem neće isprazniti sve dok Jahve ne pusti da kiša padne na zemlju (Prva Knjiga o Kraljevima 17:14).

Jednom prilikom za Isusova doba neka je siromašna udovica ubacila dva vrlo sitna novčića, vrijednosti manje od jedne lipe, u hramsku Blagajnu. No ipak, Isus ju je pohvalio i rekao kako je ta siromašna udovica ubacila više od svih koji su ubacivali u Blagajnu. I to zato što je ona davala od svog siromaštva i ubacila sve – sve što je imala, dok su drugi ubacivali od svoga viška (Evanđelje po Marku 12:42-44).

Najvažniji je Vaš misaoni sklop i namjera da Bogu dadnete sve. Bog ne gleda na količinu Vašega prinosa, ali osjeti ugodnu aromu ljubavi i vjere sadržanu u tom prinosu i blagoslivlja Vas obilato.

Bičevan i prolio svoju krv

Prije raspeća rimski su se vojnici izrugivali Isusu i prezirali Ga udarajući Ga po licu, pljujući na Njega i tako dalje. A Isusa su još bičevali i bičem, dugačkom kožnatom trakom s koje su visjeli kukasti komadi olova.

U to su vrijeme rimski vojnici bili jedna od najrobusnijih, dobro discipliniranih i najjačih sila na svijetu. Koliko mora da su bili jaki bolovi kad su Mu strgali odjeću i bičevali Ga? Kad su Mu tijelo šibali bičem, meso Mu se razdiralo, provirivale su kosti i šikljala je krv.

Da bi ispunio Izaijino proroštvo: *"Leđa podmetnuh onima što me udarahu, a obraze onima što mi bradu čupahu, i lica svojeg ne zaklonih od uvreda ni od pljuvanja."* (Izaija 50:6), Isus nikad nije pokušao izbjeći bičevanje.

Da ozdravi bolesti i nemoći

Pa zašto su, onda, Isusa šibali bičem i zašto je On prolio svoju krv? Zašto je Bog dopustio da se to dogodi Njegovu Sinu? Izaija 53 objašnjava smisao Isusovih patnji i rana.

Za naše grijehe probodoše njega, za opačine naše njega satriješe. Na njega pade kazna – radi našeg mira, njegove nas rane iscijeliše. Poput ovaca svi smo lutali i svaki svojim putem je hodio. A Jahve je svalio na nj bezakonje nas sviju. (Izaija 53:5-6).

Isus je proboden i satrven za naše grijehe i opačine. Kažnjen je, bičevan i krvario je samo da Vama dadne mir i da Vas oslobodi od svih Vaših bolesti.

U Evanđelju po Mateju 9, kad je Isus ozdravio uzetoga na

nosilima, On je prvo riješio njegov problem grijeha i rekao: *"Opraštaju ti se grijesi!"* (redak 2). Tek mu je tada Isus rekao: *"Ustani! I idi svojoj kući!"* (redak 6).

U Evanđelju po Ivanu 5, nakon što je Isus ozdravio bolesnika koji je bolovao trideset i osam godina, On mu je rekao: *"Eto, ozdravio si! Više ne griješi, da ti se što gore ne dogodi!"* (Evanđelje po Ivanu 5:14).

Biblija Vam govori da Vas bolesti obuzimaju zbog Vaših grijeha. Dakle, treba Vam netko tko će riješiti Vaš problem grijeha, tko će Vas osloboditi od bolesti. Međutim, bez prolijevanja krvi nema opraštanja (Levitski zakonik 17:11).

Upravo bi zbog toga u doba Starog zavjeta, kad bi netko počinio neki grijeh, svećenik zaklao neku životinju kao žrtvu pomirnicu. Međutim, više nije potrebno da koljete životinje za svoj prinos nakon što je Isus u tijelu sišao na ovaj svijet i prolio svoju bezgrešnu, besprijekornu i moćnu krv. Sveta krv Isusova obred je pomirenja za sve grijehe ljudskih bića u prošlosti, sadašnjosti pa čak i u budućnosti.

Da na se uzme naše slabosti i bolesti

U Evanđelju po Mateju 8:17 stoji: *"Tako se ispuni riječ proroka Izaije: 'On slabosti naše uze i ponese bolesti.'"* Dakle, zato je Isus bičevan i zato je prolio svoju krv i ako vjerujete u to, ne morate podnositi nikakve slabosti ni bolesti.

U Prvoj Petrovoj poslanici 2:24 stoji: *"On sam u svom tijelu naše grijehe uznese na drvo križa da umremo svojim grijesima*

i poživimo pravednosti. Njegovom ste modricom izliječeni."
Glagolsko vrijeme perfekt koristi se u ovom retku jer je Isus već otkupio sve grijehe ljudskih bića.

Bez obzira što neki tvrde da vjeruju u činjenicu da je Isus na se uzeo naše slabosti i bolesti svojim bičevanjem i krvarenjem, zašto neki od nas još uvijek pate od bolesti?

Bog u Knjizi Izlaska 15:26 kaže: *"Budeš li zdušno slušao glas Jahve, Boga svoga, vršeći što je pravo u njegovim očima; budeš li pružao svoje uho njegovim zapovijedima i držao njegove zakone, nikakvih bolesti koje sam pustio na Egipćane na vas neću puštati. Jer ja sam Jahve koji daje zdravlje."* To znači da, ako činite što je pravo u Božjim očima, na Vas neće pasti nikakva bolest jer Vas Bog svojim očima poput plamtećeg ognja od njih štiti.

Uzmimo jedan primjer. Kada dijete dođe kući plačući jer ga je istuklo susjedovo dijete, odgovor i stav roditelja prema tom događaju mogu se značajno razlikovati, ovisno o njihovoj vjeri.

Neki bi svoje dijete mogli poučiti ovako: "Zašto tebe uvijek istuku? Ako te jednom istuku, bolje bi ti bilo da im uzvratiš dvaput do triput." Drugi bi, pak, roditelj mogao posjetiti roditelja djeteta koje je istuklo njegovo dijete i požaliti mu se. A neki treći roditelj ne bi postupio ni na jedan od tih dvaju načina, ali bi bio vrlo ojađen ili ozlojeđen u srcu.

Međutim, Bog nam govori da nadvladamo zlo dobrim, da ljubimo čak i svoje neprijatelje i da tražimo mir sa svima te da kažemo: *"A ja vam naređujem: Ne parničite se sa zlotvorom! Naprotiv, udari li te tko po desnom obrazu, okreni mu i drugi!"* (Evanđelje po Mateju 5:39).

Dakle, ako činite što je pravo u Njegovim očima, nije teško držati se Božjih zapovijedi i naredaba. Ako se nastavite moliti i davati sve od sebe, Božja ljubav i milosrđe sići će i na Vas i moći ćete lako sve učiniti uz pomoć Duha Svetoga.

Ako odbacite grijehe i činite što je pravo u Božjim očima, na Vas ne mogu doći bolesti. Pa čak ako bolesti i dođu na Vas, Bog koji daje zdravlje oprašta Vam Vaše grijehe i u potpunosti Vas ozdravljuje kad pokušate pronaći što je pogrešno u Božjim očima svim svojim srcem.

Pa čak i ako ustima priznajete da je Bog Svemoguć, ako se oslanjate na ovaj svijet ili idete u bolnicu kad se suočite s nekim problemom ili bolešću, Bogu to neće biti milo jer time dokazujete da ne vjerujete uistinu u Boga Svemogućega (Druga knjiga Ljetopisa 16).

S trnovom krunom

Kruna je, zapravo, namijenjena kralju s kraljevskom odjećom. Pa iako je Isus bio Sin Jedinorođenac Božji, Kralj nad kraljevima i Gospodar nad gospodarima, On je nosio krunu načinjenu od dugačkog i oštrog trnja, umjesto prekrasne krune od zlata, srebra i dragog kamenja.

Potom upraviteljevi vojnici povedoše Isusa u upraviteljev dvor i skupiše za nj cijelu četu. Zatim ga svukoše i ogrnuše ga skrletnom kabanicom. Potom spletoše krunu od trnja, staviše mu je na glavu, a u desnicu mu staviše trsku. Pokličući pred njim, izrugaše ga govoreći: "Zdravo, kralju židovski!" I pošto ga popljuvaše, uzeše trsku i njome su ga udarali po glavi. (Evanđelje po Mateju 27:27-30).

Rimski vojnici spleli su trnje kako bi načinili krunu, koja je bila premala za Isusa, i snažno su Mu je zabili na glavu. Pa Mu je trnje probolo glavu i čelo, a krv Mu se slijevala niz lice. Zašto je Bog Svemogući dopustio da Njegov Sin Jedinorođenac nosi trnovu krunu, trpi boli kažnjenika i prolije svoju krv?

Kao prvo, Isus je nosio trnovu krunu da nas otkupi od grijeha koje smo počinili mišlju.

Dok je čovjek, kojega je Bog stvorio, komunicirao s Njim i slušao Njegovu Riječ, on nije počinjao grijehe mišlju jer je uvijek razmišljao u skladu s Božjom voljom i slušao Ga.

Međutim, nakon što ga je zmija dovela u iskušenje i nakon što je od sotone primio misli, vrlo brzo je počinio grijeh. Nikada prije nije ni pomislio da jede od ploda sa stabla spoznaje dobra i zla. Međutim, nakon što je doveden u iskušenje, jeo je s tog stabla jer se ono činilo dobro za jelo, za oči zamamljivo, a za mudrost poželjno.

Slično tomu, i sotona, koji je naveo prvog čovjeka Adama i Evu da iskažu neposluh Bogu, i sada radi na tome da Vas navede da mišlju počinite grijeh.

U ljudskom mozgu postoje stanice odgovorne za pamćenje. Sve što ste vidjeli, čuli i naučili od rođenja pohranjuje se u tim stanicama pamćenja, zajedno s Vašim specifičnim osjećajima uz određene događaje, pojedince i informacije. To nazivamo "znanjem." A ono što nazivamo "mišlju" je proces reprodukcije tog pohranjenog znanja radom Vaše duše.

Ljudi su odrastali u različitim okružjima. Ono što je svatko od njih vidio, čuo i naučio razlikuje se od pojedinca do pojedinca, a i ono što je pohranjeno u njihovim mozgovima također je različito. Čak i kad je ono što su vidjeli, čuli i naučili isto, svatko je od njih u to vrijeme imao svoje osjećaje te je, stoga, neizbježno da ljudi imaju različite vrijednosti.

Riječ Božja često nije u skladu s Vašim vlastitim znanjem i teorijom. Možda, primjerice, mislite da ako želite biti uzvišeni, morali biste poduzeti sve kako biste bili bolji od drugih. Međutim, Bog Vas uči da tko god sebe ponizi, bit će uzvišen (Evanđelje po Mateju 23:12).

Većina ljudi misli da je vrlo prirodno mrziti svoga neprijatelja, ali Bog Vam govori: "Ljubi svoga neprijatelja" i "Ako ti je neprijatelj gladan, nahrani ga, i ako je žedan, napoji ga."

Božje su misli duhovne, ali su ljudske misli ovozemaljske. Sotona Vam daje ovozemaljske misli kako bi Vas doveo u iskušenje da izbjegavate Boga, omeo Vas u zadobivanju prave vjere i nagnao Vas da slijedite ovozemaljske putove koji, u konačnici, vode u grijeh i vječnu smrt.

U Evanđelju po Mateju 16:21 i recima koji slijede Isus objašnjava svojim učenicima da će mnogo trpjeti, da će biti ubijen na križu te uskrsnuti u život trećega dana. Čuvši to, Petar ga povuče nasamo i poče ga odvraćati govoreći: *Bog te očuvao od toga, Gospodine! Tebi se to zaista ne smije dogoditi!"*

(redak 22). Međutim, Isus se okrenu i ljutito reče Petru: *"Prođi iza mene, Sotono: prepreka si mi, jer ne težiš za Božjim, nego za ljudskim!"* (redak 23). Kad je Isus ljutito rekao: "Prođi iza mene, Sotono!", On nije mislio da je Petar sotona, nego da je sam sotona bio na djelu u Petrovim mislima kako bi omeo Božje djelo.

A to je zato što je Isus morao nositi križ za spasenje čovječanstva u skladu s Božjom voljom, ali Ga je Petar pokušao spriječiti u provođenju Božje volje svojim ovozemaljskim mislima.

Apostol Pavao u Drugoj poslanici Korinćanima 10:3-6 piše sljedeće:

> *Doduše, živimo na ovome svijetu, ali se ne borimo oružjem ovoga svijeta. Oružje, naime, kojim se borimo je veoma snažno da sruši utvrde; razaramo mudrolije i svu uznositost koja se uzdiže protiv spoznaje Boga. Zarobljujemo svako mišljenje, tako da se Kristu pokorava; mi smo odlučni kazniti svaki neposluh čim budete zaista poslušni.*

Trebali biste uništiti sve svoje argumente i rasuđivanje, koji su utvrđeni i često se okreću protiv kraljevstva Božjega. Zarobite svaku misao tako da se Kristu pokorava kako biste živjeli u skladu s istinom, i tek ćete tada postati osoba od duha i vjere.

Trebali biste odbaciti misao da morate dvaput uzvratiti udarac onome koji Vas je udario da ne biste bili osramoćeni jer je ta ovosvjetska misao protivna istini.

I zato biste trebali napustiti sve grijehe koji potječu iz Vaših misli. Kako biste u cijelosti riješili problem grijeha, prvo biste se trebali odreći svake požude tijela, požude očiju i ponosa života. To su one neistinite misli u kojima sotona uživa.

Požuda tijela, to jest misli koje se javljaju u umu, želje su protivne volji Božjoj. U Poslanici Galaćanima 5:19-21 nabrojane su takve požude:

> *Prepoznatljiva su djela tijela. To su: bludnost, nečistoća, raspuštenost, idolopoklonstvo, vračanje, neprijateljstva, svađa, ljubomora, srdžbe, sebičnosti, razdori, strančarenja, zavisti, pijanstva, razuzdane gozbe i tomu slično. Ponavljam što sam vam već prije kazao: oni koji čine takvo nešto, neće baštiniti kraljevstva Božjega.*

Sama želja da činite ono što Vam Bog zapovijeda da ne činite je požuda tijela.

Požuda očiju znači da nečiji um postane zaokupljen onime što vidi i čuje te da on počne slijediti želje koje su mu se pojavile u umu. Kad netko ljubi ovaj svijet tražeći požudu očiju, čini se da su vrijedne samo te želje i njega ništa ne može zadovoljiti.

Hvalisav um nastaje u osobi koja posjeduje ugode ovoga svijeta u svom nastojanju da zadovolji čežnje grješnoga čovjeka i požude svojih očiju. To zovemo ponosom života.

Da nas otkupi od svake vrste bludnosti, bezakonja i zla, Isus je nosio trnovu krunu i prolio svoju krv. A kako nas samo bezgrješna i besprijekorna krv Isusova može otkupiti od grijeha,

On nas je otkupio od svih grijeha počinjenih mišlju noseći trnovu krunu i prolijevajući svoju krv.

Kao drugo, Isus je nosio trnovu krunu kako bi ljudi nosili bolje krune na nebesima.

Još jedan razlog za to što je Isus nosio trnovu krunu jest taj da biste Vi dobili bolje krune. Kao što Vas je On otkupio od Vašega siromaštva i dao Vam bogatstvo vodeći siromašan život, tako je isto nosio i trnovu krunu kako biste Vi dobili bolje krune na nebesima.

Bezbrojne se krune pripravljaju za djecu Božju na nebesima. A tu su i nagrade, poput zlatnih medalja, srebrnih medalja ili brončanih medalja koje se daju pobjednicima, ovisno o njihovom mjestu na športskim događajima. Isto tako, i na nebesima postoje različite krune.

A tu je i neraspadljivi vijenac opisan u Prvoj poslanici Korinćanima 9:25: *"Svaki se natjecatelj uzdržava u svemu. Oni to čine da dobiju raspadljiv vijenac, a mi neraspadljiv."* Neraspadljiv vijenac pripravljen je za djecu Božju koja nastoje odbaciti svoje grijehe. Neuveli vijenac - slava pripravljen je za one koji odbace svoje grijehe i žive prema Riječi Božjoj i koji Ga slave (Prva Petrova poslanica 5:4). Vijenac - život također je pripravljen za one koji veoma ljube Boga, koji su Mu vjerni do časa smrti i koji postaju sveti odričući se svakoga zla (Jakovljeva poslanica 1:12; Otkrivenje 2:10).

Vijenac pravednosti daje se onima koji, poput apostola Pavla, postanu sveti odričući se svih svojih grijeha i koji, nadalje, u cijelosti ispune svoje poslanje u skladu s voljom Božjom (Druga poslanica Timoteju 4:8).

A i u Otkrivenju 4:4 opisano je sljedeće: *"I uokolo prijestolja još dvadeset i četiri prijestolja na kojima su sjedila dvadeset i četiri Starca, obučena u bijele haljine, sa zlatnim vijencima na svojim glavama."* Zlatni vijenci pripravljeni su za ljude koji dostignu razinu starješina i koji će pomagati Bogu u Novom Jeruzalemu.

Ovdje se "starješine" ne odnosi na ljudi kojima se ta titula daje u crkvama ovoga svijeta, nego opisuje ljude koje je Bog prepoznao kao starješine jer su oni sveti i vjerni u kući Božjoj i jer imaju nepromjenjivu vjeru od zlata.

Bog svojoj djeci daje različite vijence, ovisno o tome u kojoj su mjeri uspjeli odreći se grijeha i ispuniti Božje poslanje. Djeca Božja bit će velika na nebesima i primit će bolji vijenac ako ne razmišljaju o tome na koji način zadovoljiti želje grješne naravi i ako se pristojno ponašaju u skladu s Riječi Božjom (Poslanica Rimljanima 13:13-14), ako se njihova duša dobro slaže s njima dok žive po Duhu (Poslanica Galaćanima 5:16), i ako vjerno vrše svoje dužnosti i ispunjavaju svoje poslanje!

Slično tomu, i Isus Vas je otkupio od svih grijeha koje ste počinili mišlju noseći trnovu krunu i prolijevajući svoju krv. Koliko biste samo trebali biti zahvalni jer Vam On pripravlja bolje vijence u nebesima kako bi Vam ih dao, već prema mjeri Vaše vjere i ispunjenju Vašeg poslanja!

I zato morate razumjeti koliko je veličanstveno ispuniti sve uvjete za primitak tih vijenaca. Onda biste trebali imati srce svoga Gospodina i odreći se svakoga zla, ispunjavati svoje poslanje i biti vjerni u kući Božjoj. Nadam se da ćete primiti najbolji vijenac u nebesima.

Isusove haljine i košulja

Isus, koji je nosio trnovu krunu i prolijevao krv po cijelom tijelu uslijed žestokog bičevanja, popeo se na Golgotu, mjesto raspeća. Kad su rimski vojnici razapeli Isusa, uzeli su mu odjeću i podijelili je na četiri dijela, jedan dio svakome od njih. No, košulju nisu razdijelili, nego su za nju bacali kocku.

A vojnici, pošto su razapeli Isusa, uzeše njegove haljine i razdijeliše na četiri dijela: svakomu vojniku po jedan dio. Uzeše i njegovu košulju. Ali košulja ne bijaše šivana, već od vrha do dna posvema otkana. Rekoše, stoga, jedni drugima: "Ne parajmo je, nego bacimo za nju kocku komu će pripasti!" To se dogodi tako da se ispuni riječ Pisma: "Razdijeliše među se haljine moje; o odjeću moju baciše kocku." (Evanđelje po Ivanu 19:23-24).

Zašto riječ Božja u pojedinosti objašnjava sve o Isusovim haljinama i košulji? Povijest Izraela od 70. p.K duboko je usađena u duhovne implikacije ovog događaja.

Svučen i razapet

Prema Evanđelju po Mateju 27:22-26, na zahtjev Izraelaca koji Isusa nisu prepoznali kao Mesiju, Isusa je na raspeće osudio Poncije Pilat nakon što su mu se izrugivali i prezreli Ga na razne načine.

Nakon što su Mu stavili trnovu krunu i izrugivali Mu se i prezreli Ga, On je nosio križ na Golgotu i ondje je razapet. Pilat je vojnicima zapovjedio da Mu više glave stave napisanu Njegovu krivnju: *"ISUS NAZAREĆANIN, KRALJ ŽIDOVSKI"* (Evanđelje po Mateju 27:37).

Taj je natpis napisan na hebrejskom, latinskom i grčkom. Hebrejski je bio tradicionalni jezik Židova, odabranog naroda Božjeg. Latinski je bio službeni jezik Rimskog carstva, najmoćnijeg naroda u to doba, a grčki je bio jezik koji je vladao svjetskom kulturom. Tako, natpis napisan na tri jezika simbolizira da je cijeli svijet uistinu prepoznao Isusa kao kralja židovskoga i Kralja nad kraljevima.

Nakon što su pročitali taj natpis, čitamo u Evanđelju po Ivanu 19:21-22, mnogi su Židovi prosvjedovali Pilatu da ne napiše: "Kralj židovski," nego da umjesto toga napiše: "Ovaj je tvrdio: 'Kralj sam židovski.'" Međutim, Pilat im je odgovorio: "Što napisah, napisah" i ostavio je natpis nepromijenjenim. To znači da je čak i Pilat prepoznao Isusa kao kralja židovskog.

A budući da je i Pilat prepoznao Isusa kao kralja židovskog, On je uistinu Sin Jedinorođenac Božji, Kralj nad kraljevima i Gospodar nad gospodarima. Pa ipak su, pred mnoštvom koje Ga je promatralo, svukli s Njega haljine i košulju i razapeli Ga na križu. Na taj je način On pretrpio sramotu od koje se slama srce.

Živimo u ovome pokvarenom svijetu zaboravljajući sve dužnosti čovjekove. A da bi nas otkupio od svake sramote, prljavštine, pokvarenosti, bezakonja i bludnosti, s Isusa, Kralja nad kraljevima, svukli su haljine i košulju i On je pretrpio sramotu dok Ga je mnoštvo promatralo. Ako razumijete duhovno značenje toga, ne možete Mu ne biti zahvalni za to.

Razdijeliše Njegove haljine na četiri dijela

Rimski vojnici svukli su Isusa do gola i razapeli Ga. Uzeli su Njegove haljine i razdijelili ih na četiri dijela, ali su za košulju bacili kocku.

Zdrav razum nalaže da mislimo da Njegove haljine nisu nikako mogle biti ni lijepe ni skupe. Pa zašto su, onda, vojnici Njegove haljine razdijelili na četiri dijela?

Jesu li znali, u svojoj dalekovidnoj mudrosti, da će Isusa štovati kao Mesiju i jesu li htjeli barem jedan Njegov odjevni predmet dati svojim potomcima kao dragocjeno obiteljsko blago? Ne, to nije bio slučaj.

U Psalmima 22:19 nalazimo proroštvo: *"Haljine moje dijele među sobom i kocku bacaju za odjeću moju."* Bog je dopustio da rimski vojnici uzmu Njegove haljine kako bi se ispunio ovaj redak (Evanđelje po Ivanu 19:24).

Pa koje, onda, duhovne implikacije imaju Isusove haljine? Zašto su Mu haljine razdijelili na četiri dijela, svakomu po jedan dio? A zašto nisu razdijelili i Njegovu košulju? Zašto je Bog dopustio da ova priča bude unaprijed zapisana?

Budući da je Isus kralj židovski, Isusove haljine odnose se na izraelski narod ili na Židove. Kad su rimski vojnici razdijelili haljine na četiri dijela, haljine su izgubile oblik. To implicira da će Izrael kao narod biti uništen. To također naznačuje da će ime Izrael ostati kao što su ostali dijelovi haljjine. Napokon, Riječ zapisana o Njegovim haljinama prorokuje da će Židovi biti raspršeni u svim smjerovima kao rezultat uništenja svojega naroda. Povijest Izraela svjedoči da se ispunilo to proroštvo.

Ni punih 40 godina od smrti Isusove na križu general rimske vojske zvan Tit razorio je Jeruzalem. Sveti hram u cijelosti je razoren – nije ostao ni kamen na kamenu. Otkako je izraelski narod prestao postojati, Židovi su se raspršili posvuda, progonili su ih, pa čak i ubijali. To objašnjava zašto Židovi do dana današnjeg žive po cijelom svijetu.

U Evanđelju po Mateju 27:23 nalazimo jezoviti prizor, u kojemu Pilat govori okupljenoj svjetini da je Isus nedužan, ali oni sve glasnije viču da se Isus razapne. U tom trenutku Pilat uze vodu te opra ruke kako bi pokazao da on sam nije odgovoran za smrt nedužnog Isusa, govoreći: *"Nevin sam od krvi ovog pravednika. To nek bude vaša briga!"* (r. 24). Nato sva svjetina povika: *"Krv njegova na nas i na našu djecu!"* (r. 25).

Upadljiv element je da povijest Izraela jasno pokazuje da su mnogi Židovi i njihovi potomci prolili svoju krv, kao da je to bilo da ispune zahtjeve Poncija Pilata. U roku od četiri desetljeća od Isusove smrti pobijeno je čak 1,1 milijun Židova. Nadalje, tijekom Drugog svjetskog rata nacistička Njemačka poubijala je oko šest milijuna Židova. Film "Schindlerova lista" prikazuje tragične prizore u kojima Židovi, muško i žensko, staro i mlado, bivaju smaknuti posve goli. Čak i kriminalcu dopuštaju da odjene odjeću kad ide na smaknuće, ali Židovi su bivali svučeni do gole kože kad su ih ubijali.

Židovski narod nije prepoznao Isusa kao Mesiju, svukli su Ga do gole kože i razapeli Ga. Kad su vikali: "Krv njegova na nas i na našu djecu!", strašna nesreća spustila se na izraelski narod i ostala stoljećima.

Nešivana Isusova košulja otkana od vrha do dna

U Evanđelju po Ivanu 19:23 opisuje se Isusova košulja: *"Ali košulja ne bijaše šivana, već od vrha do dna posvema otkana."* Ovdje "šivana" u ovom retku znači da košulja nije bila načinjena tako da je nekoliko komada tkanine zašiveno jedan za drugi. Većinu ljudi ne zanima način na koji je načinjena njihova odjeća i je li ta odjeća istkana od vrha do dna ili od dna do vrha. Pa zašto, onda, Biblija u pojedinosti opisuje Isusovu košulju?

Biblija nam govori da je Adam praotac svih ljudskih bića, da je Abraham praotac vjere, a da je Jakov praotac Izraela. Bog nas uči da praotac Izraela nije Abraham nego Jakov jer je dvanaest plemena izraelskih nastalo od dvanaest Jakovljevih sinova. Osnivač izraelskog naroda je Jakov iako je praotac vjere Abraham.

Jakova je Bog u Knjizi Postanka 35:10-11 blagoslovio ovako:

"Ime ti je Jakov, ali se odsad nećeš zvati Jakov, nego

će Izrael biti tvoje ime." Tako ga prozva Izraelom. Onda
mu Bog reče: "Ja sam El Šadaj – Bog Svesilni! Budi
rodan i množi se! Od tebe poteći će narod, mnoštvo
naroda, i kraljevi iz tvog će izaći krila."

Prema Riječi Božjoj zabilježenoj u ovim recima, Jakovljevih dvanaest sinova činilo je okosnicu Izraela, a Izrael bijaše ujedinjena zemlja sve dok se u doba kralja Roboama nije podijelio na Izrael na Sjeveru i Judeju na Jugu.

Kasnije se Izrael na Sjeveru pomiješao s poganima, ali je Judeja ostala ujedinjena. Danas se narod Judeje naziva Židovima. Činjenica da Isusova košulja nije bila šivana, već od vrha do dna posvema otkana, znači da je izraelski narod očuvao svoje jedinstvo i identitet kao potomci Jakovljevi sve do dana današnjeg.

Bacanje kocke za Isusovu košulju

Ovdje košulja predstavlja srce naroda. A budući da je Isus kralj izraelski, Njegova košulja predstavlja srce židovskoga naroda.

Izraelci, kao Božji narod koji je odabrao praotac vjere Abraham, ponad svega su štovali pravog Boga. Činjenica da nisu isparali košulju implicira da je duh židovskog naroda koji štuje Boga bio dobro očuvan i da nije bio isparan na komade, čak i ako je sama nacija ili vlada Izraela u to vrijeme bila uništena.

Zapravo, u Bibliji nalazimo proroštvo da pogani neće moći iskorijeniti duh Izraelaca, koji su duboko u svom srcu poslušni

Božjoj Riječi. Drugim riječima, oni su održavali svoje srce ustrajnim prema Bogu, čak i ako su pogani uništili izraelski narod. A budući da imaju tako nepromjenjivo srce, Bog je odabrao Izraelce kao svoj odabrani narod i upotrijebio ih je da uspostavi svoje kraljevstvo i pravednost.

Čak i danas Izraelci nepromijenjenim srcem pokušavaju biti pokorni zakonu. A to je zato što su potomci Jakovljevi, koji je i sam imao nepromjenjivo srce. Izraelci su iznenadili cijeli svijet kad su 14. svibnja 1948. stekli neovisnost, dugo nakon što su izgubili svoju zemlju. Nakon toga rapidno su se razvili u jednu od najnaprednijih i najutjecajnijih zemalja i još jednom su pokazali svoj nacionalni duh i izvrsnost.

Budući da rimski vojnici nisu uspjeli među sobom razdijeliti Isusovu košulju, koja nije bila šivana, već od vrha do dna posvema otkana, ni pogani nisu uspjeli uništiti duh Izraelaca koji štuju Boga. I napokon su Izraelci, kao Jakovljevi potomci, osnovali neovisnu državu i ispunili volju Božju kao Njegov odabrani narod.

Izrael na svršetku svijeta prorokovanog u Bibliji

Kao što je Bog prorokovao povijest Izraela Isusovim haljinama i košuljom, tako nam je dao i naznaku posljednjih dana ovoga svijeta.

U Ezekielu 38:8-9 stoji:

Poslije mnogo dana dobit ćeš zapovijed; polije mnogo

godina navalit ćeš na zemlju, izbavljenu iz mača i
skupljenu iz mojih naroda, na gore Izraelove, nekoć
zadugo puste: otkako ih izvedoh iz naroda, svi spokojno
žive. Dići ćeš se, doći kao nevrijeme, kao oblak što
prekrije zemlju, ti i tvoje čete, a s vama sila naroda.

"Poslije mnogo dana" u ovom retku odnosi se na razdoblje
koje će proteći od rođenja Isusova do Njegova drugog dolaska, a
"poslije mnogo godina" odnosi se na posljednju godinu prije
Isusova drugog dolaska. "Gore Izraelove" označuju Jeruzalem,
koji je smješten na nadmorskoj visini od oko 760 metara. Dakle,
riječ da će se u godinama koje dolaze sakupiti mnogi narodi iz
mnogih zemalja proroštvo je da će se Izraelci vratiti u svoju
zemlju iz cijeloga svijeta kad se približi Isusov drugi dolazak.

Ovo se proroštvo ispunilo kad je Rimsko carstvo 70. p.K.
razorilo Izrael i kad je Izrael stekao neovisnost 1948. Izrael je bio
pust dok nije stekao neovisnost, ali je u međuvremenu postao
jednom od najrazvijenijih zemalja svijeta.

I u Novom zavjetu nalazimo proroštvo o neovisnosti Izraela.
Isus nam u Evanđelju po Mateju 24:32-34 govori sljedeće:

Naučite ovu usporedbu od smokve! Čim joj granje
postane nježno i potjera lišće, znate da je ljeto blizu.
Tako i vi, kad vidite sve to, znajte da je On blizu, pred
vratima. Zaista, kažem vam, ovaj naraštaj zacijelo neće
proći dok se sve to ne zbude.

To je bio Isusov odgovor na pitanje Njegovih učenika o tome

koji će biti predznak Njegova drugog dolaska i svršetka svijeta.

Smokva se u ovim recima odnosi na Izrael. Kad otpadne lišće sa stabla i zapušu hladni vjetrovi, znate da je zima blizu. Isto tako, čim granje smokve postane nježno i potjera lišće, znate da je ljeto blizu. Ovom usporedbom Isus objašnjava da će, kad se Izrael ponovno osnuje nakon dugog razdoblja razaranja, to jest, kad izraelski narod stekne neovisnost, Isusov drugi dolazak biti vrlo blizu.

Ne znate koliko traje "ovaj naraštaj" koji Isus spominje u ovom retku, ali znate da će se ono što je On rekao zacijelo ispuniti. Već ste svjedočili neovisnosti Izraela pa je vrlo lako zaključiti da je vrlo blizu i Isusov drugi dolazak.

Znaci svršetka vremena

U Evanđelju po Mateju 24, kad Ga učenici pitaju za predznak svršetka svijeta, Isus im to pojašnjava u pojedinosti. Međutim, On nije rekao točan dan i sat, govoreći: *"A što se tiče onoga dana i časa, nitko ih ne zna; ni anđeli nebeski, ni Sin, nego samo Otac."* (Evanđelje po Mateju 24:36).

To samo znači da On, kao Sin Čovječji koji je u tijelu sišao na ovaj svijet, nije znao točnoga dana ni sata. No, to ne znači da Isus, kao dio Svetog Trojstva, to nije znao nakon raspeća, uskrsnuća i uzašašća na nebo.

Govoreći mnogo toga o predznacima svršetka svijeta, Isus Vas je upozorio: *"Budući da će bezakonje porasti, ljubav će mnogih hladnjeti. Ali, tko ustraje do konca, taj će biti spašen."* (Evanđelje po Mateju 24:12-13).

Danas možete opipljivo osjetiti kako opačine rastu, a ljubav hladni. Teško možete naći toplo srce. U Evanđelju po Mateju 24:14 Isus je rekao: *"Ova radosna vijest o Kraljevstvu propovijedat će se po svemu svijetu, za svjedočanstvo svim narodima. I potom će doći svršetak."* Radosna vijest već se propovijeda u svim kutovima zemlje.

Nadalje, živimo u "globalnom selu," u kojemu se svakom kutku planeta može pristupiti, bilo prijevoznim bilo komunikacijskim sredstvima. Proroštvo i o tom fenomenu nalazimo u Danielu 12:4: *"A ti, Daniele, drži u tajnosti ove riječi i zapečati ovu knjigu do vremena svršetka! Mnogi će tumarati, i bezakonja će rasti."* U tom se okružju radosna vijest širi rapidnom brzinom diljem cijeloga svijeta.

No, istina je da, sve ako se radosna vijest propovijeda čitavom svijetu, ipak će biti onih koji neće priznati Isusa jer nisu otvorena srca. Ili će biti udaljenih mjesta, po kojima sjeme evanđelja još uvijek nije raspršeno.

Sva proroštva iz Starog zavjeta su se ispunila, a gotovo se ispunila i većina proroštava iz Novog zavjeta. Cijelo Sveto pismo nadahnuto je Duhom Svetim. Dakle, Riječ Božja je ispravna i u njoj nema pogreške. U Riječi se neće promijeniti ni najmanje slovo najtanjeg poteza olovkom. Bog ispunjava svoju Riječ i obećanja, a svega je par stvari ostalo neispunjenima, uključujući i Drugi dolazak našega Gospodina, Isusa Krista, Sedam godina velikih kušnji, Novo tisućljeće i Strašni sud Bijelog prijestolja.

Čavlima Mu probodene ruke i noge

Raspeće je bilo jedno od najokrutnijih metoda smaknuća za ubojice ili izdajnike. Njihove bi se ruke opružile na drvenom križu. I ruke i noge bi im proboli čavlima. Bili bi obješeni na križu jako dugo sve dok ne bi umrli. Tako su do zadnjega daha trpjeli nevjerojatne boli.

Isus, Sin Božji, činio je samo dobro i bio je bez grijeha i bez prijekora na ovome svijetu. Pa zašto su, onda, Isusove ruke i noge proboli čavlima i zašto je On prolio svoju krv na križu?

Bol probodenosti ruka i noga čavlima

Isus je osuđen na smrt na križu i uspeo se na mjesto smaknuća, Golgotu. Jedan rimski vojnik u ruci je držao veliki željezni čavao, a drugi je u ruci držao čekić, i oni su Mu počeli čavlima probadati ruke i noge na zapovijed stotnika. Potom su uspravili križ. Možete li uopće zamisliti koliko je to bilo bolno?

Nedužni Isus morao je trpjeti veliku bol kad su Mu čekićem zakucali velike čavle u tijelo i kad Mu je težina povukla tijelo prema dolje dok su se parali dijelovi tijela probodeni čavlima.

Kad bi koga smaknuli odrubljivanjem glave, boli bi nestalo u trenu. Međutim, umiranje na križu bilo je znatno bolnije jer bi ljude objesili, oni bi krvarili i trpjeli dehidraciju i iscrpljenost sve do časa smrti.

Nadalje, po sunčanom danu u pustinji svakovrsni kukci i gamad gmizali su Njegovim tijelom kako bi posisali krv koja je istjecala iz Njegovih rana na rukama i nogama probodenim čavlima. Povrh toga, zli su ljudi upirali prstom u Njega, pljuvali Ga, izrugivali Mu se, proklinjali Ga i dovikivali Mu gomilu uvreda. Neki su Ga čak i prezreli, govoreći: *"Ti, koji si htio razvaliti Hram i za tri ga dana opet sagraditi, spasi sam sebe! Ako si zbilja Sin Božji, siđi s križa!"* (Evanđelje po Mateju 27:40).

Nepodnošljiva je bol pratila Isusa tijekom raspeća. Međutim, Isus je vrlo dobro znao da je Njegovo proklinjanje grijeha i kletvi na križu otvorilo put otkupljenja čovječanstva od grijeha i pretvaranja ljudi u djecu Božju. A, zapravo, je Njegova istinska bol potjecala je iz sasvim drugog izvora. No ipak, bilo je ljudi koji nisu poznavali tu providnost Božju i koji u svojim opačinama nisu primili spasenje. To Mu je nanosilo veću bol.

Grijesi počinjeni rukama i nogama

Kad se jednom grješna misao začme u srcu, srce potiče ruke i noge da počine grijeh. A kako postoji duhovni zakon, prema kojemu je plaća za grijeh smrt, svaki put kad počinite grijeh, morate pasti u pakao i ondje zauvijek patiti.

I zato Isus govori: *"Ako te zavodi noga tvoja, odsijeci je! Bolje je da kao hrom uđeš u život, nego da budeš s dvjema nogama bačen u pakao [gdje njihov crv ne umire i oganj se ne trne]. Ako te i tvoje oko zavodi, iskopaj ga! Bolje je da kao jednook uđeš u kraljevstvo Božje, nego da budeš s dva oka bačen u pakao."* (Evanđelje po Marku 9:45-47).

Koliko ste samo puta od rođenja počinili grijehe svojim

rukama i nogama? Neki tuku druge u ljutnji. Drugi kradu, a neki znaju prokockati sve što imaju. Ljudi postaju nasilni nogama i idu kamo ne bi smjeli ići. Dakle, ako Vas zavode noge Vaše, bolje je da ih odsiječete i uđete u kraljevstvo nebesko, nego da s dvjema nogama budete bačeni u pakao.

Isto tako, koliko ste samo grijeha počinili svojim očima? Pohlepa i preljub obuzimaju Vas kad ugledate nešto što ne biste smjeli gledati svojim očima. I zato je Isus rekao da, ako Vas oči Vaše zavode, bolje bi bilo da ih iskopate i uđete u kraljevstvo nebesko, nego da budete bačeni u pakao nakon što očima počinite grijehe.

U doba Starog zavjeta, ako bi tko počinio grijeh okom, iskopali bi mu ga, a ako bi tko počinio grijeh rukom ili nogom, odsjekli bi mu ruku ili nogu, a ako bi tko počinio ubojstvo ili preljub, kamenovali bi ga nasmrt (Ponovljeni zakon 19:19-21).

Bez patnji Isusa Krista na križu, čak bi i danas djeca Božja trebala odsjeći ruke ili noge ako počine grijeh svojim rukama ili nogama. Međutim, Isus je na se uzeo križ, čavlima su Mu proboli ruke i noge i prolio je svoju krv. Time je On oprao sve grijehe koje počinjate rukama i nogama pa više ne morate patiti niti plaćati cijenu svojih grijeha. Koliko je samo velika Njegova ljubav!

Trebali biste imati na umu da vas On čisti od svih grijeha ako živite u svjetlu, kao što je On u svjetlu, i ako priznate svoje grijehe i okrenete se k Njemu (Prva Ivanova poslanica 1:7).

Dakle, vrlo je važno da svoje srce ispunite istinom kako biste vodili pobjedonosan život sa zahvalnim i milostivim srcem koje je uvijek usredotočeno na Boga.

Isusove golijeni nisu prebijene, ali Mu je bok proboden kopljem

Dan kad je Isus umro bio je petak, dan prije šabata. Tih se dana subota slavila kao šabat i Židovi nisu htjeli da tijela budu ostavljena na križevima tijekom šabata.

Pa su, kako čitamo u Evanđelju po Ivanu 19:31, Židovi tražili od Poncija Pilata da se razapetima prebiju golijeni i da se skinu.

Uz dopuštenje Poncija Pilata vojnici prebiše golijeni dvojice razbojnika koji bijaše razapeti s Isusom, ali Isusu ne prebiše golijeni jer je bio već mrtav. Tih su se dana razapeti smatrali prokletima i zato bi im vojnici prebijali golijeni. Tu je, dakle, božanska providnost u činjenici da nisu prebili Isusove golijeni.

Zašto Isusu nisu prebili golijeni?

Isus, koji je bio bez grijeha, bio je proklet i visio je na križu kako bi ljudska bića otkupio od prokletstva zakona. Sotona Mu nije mogao prebiti golijeni, ne zato što je Isus umro zbog svojih grijeha, nego zbog Božje providnosti.

Osim toga, Bog je zaštitio Isusa da Mu ne prebiju golijeni kako bi se ispunila Riječ Psalama 34:21, u kojoj stoji: *"On čuva sve kosti njegove: ni jedna mu se neće slomiti."*

U retku 9:12 Bog Izraelcima govori da ne prebijaju kosti janjeta kad ga jedu. A u Knjizi Izlaska 12:46 On kaže da Izraelci smiju jesti meso žrtve, ali da joj ne smiju ni jednu kost slomiti.

"Janje" se odnosi na Isusa, koji je bio bez grijeha i bez

prijekora, ali koji se ipak žrtvovao kao žrtva pomirnica za ljudska bića i njihove grijehe zbog ljubavi koju osjeća prema nama. A u skladu sa Svetim pismom, Knjigom Izlaska 12:46, gdje stoji: *"Blagujte je [pashalnu žrtvu/janje] u jednoj te istoj kući; iz kuće ne smijete iznositi mesa niti na žrtvi smijete koju kost slomiti,"* nijedna Isusova kost nije bila slomljena.

Bok Mu proboden kopljem

Evanđelje po Ivanu 19:32-34 opisuje još jedan stravični prizor:

Tada vojnici dođoše i prebiše golijeni prvomu, pa drugomu razapetom s Isusom. Kada dođoše k Isusu i vidješe da je već mrtav, njemu ne prebiše golijeni, nego mu je jedan od vojnika svojim kopljem probode bok, te odmah poteče krv i voda.

Iako je vojnik znao da je Isus bio već mrtav, zašto je on ipak Isusov bok probo kopljem, pa je iznenada potekla krv i voda? To samo ilustrira opakost ljudsku.

Premda je bio Bog, Isus nije zahtijevao svoja prava kao Bog. Umjesto toga, On se učinio ništavnim. Zauzeo je ponizan stav roba i pojavio se u obliku ljudskog bića. Poslušno se ponizio još i više umirući smrću kriminalca na križu. Na taj je način Isus otvorio vrata spasenja za Vas (Poslanica Filipljanima 2:6-8).

Tijekom svojeg života na ovom svijetu Isus je zatvorenicima davao slobodu, siromasima bogatstvo i ozdravljao je bolesne i nemoćne. Nije imao dovoljno vremena da bi jeo ili spavao jer je davao sve od sebe da navijesti Riječ Božju i spasi što je više duša mogao. Penjao bi se na goru da moli čak i dok su Njegovi učenici odmarali.

Mnogi su Ga Židovi progonili s prezirom iako je On činio samo dobro. Na koncu su Ga razapeli na križu, sve iz svoje zloće. Nadalje, znajući da je već mrtav, rimski vojnik Ga je ipak probo kopljem. To nam samo govori da su ljudi gomilali zloću na zloću.

Bog Vam je pokazao svoju neizmjernu ljubav šaljući svojeg Sina Jedinorođenca, Isusa Krista, i dopuštajući da On bude razapet na križu kako bi Vas otkupio od grijeha, bez obzira na zloću ljudskih bića.

Iz boka poteče krv i voda

Kao što sam već spomenuo, rimski vojnik je Isusu probo bok kopljem iz svoje zloće, bez obzira na to što je znao da je Isus već mrtav. No, kad Mu je vojnik probo bok, iz Isusova tijela potekli su krv i voda. Tri su značenja ove epizode.

Kao prvo, ova nam epizoda pokazuje da se Isus utjelovio kao Sin Čovječji. U Evanđelju po Ivanu 1:14 stoji: *"I doista, Riječ čovjekom postade i nastani se među nama. I motrismo Slavu njegovu, Slavu koju ima od Oca kao Jedinorođenac, pun milosti i istine."* Bog je u tijelu sišao na ovaj svijet i On je bio Isus.

Grješnici ne vide Boga jer oni nestaju kad Ga ugledaju. Dakle, Bog se ne može pojaviti izravno pred njima i upravo je zato Isus u tijelu sišao na ovaj svijet kao čovjek i pokazao brojne dokaze da Vas navede da povjerujete u Boga.

Biblija Vam govori da je Isus bio čovjek baš poput Vas. U Evanđelju po Marku 3:20 stoji: *"Isus se vrati doma i opet se skupi mnoštvo naroda, tako da Isus i njegovi učenici nisu mogli ni objedovati."* A Evanđelje po Mateju 8:24 nam govori: *"I, evo, nastade na moru veliko gibanje tako da valovi gotovo pokriše lađicu, a sam spavaše."*

Možda se neki pitaju kako je Isus, Sin Božji, mogao osjećati glad ili bol. Međutim, budući da je Isus bio u tijelu, koje se sastoji od kostiju i mišića, i On je morao jesti i spavati. Također je trpio i bol na isti način na koji i mi to činimo.

Činjenica da su Mu iz tijela potekli krv i voda kad su Ga proboli kopljem daje vam uvjerljiv dokaz da je Isus u tijelu sišao na ovaj svijet iako je On Sin Božji.

Kao drugo, to je još jedan dokaz da se može biti sudionikom božanske naravi čak i ako si u tijelu. Bog želi da sva Njegova djeca budu sveta i savršena kao što je i On. Pa kaže: *"Budite sveti jer sam ja svet!"* (Prva Petrova Poslanica 1:16) i još: *"Budite, dakle, savršeni tako kako je savršen Otac vaš nebeski!"* (Evanđelje po Mateju 5:48). On Vas također hrabri, govoreći: *"Po njima su nam darovana skupocjena i velika obećanja da po njima umaknete pokvarenosti, koja je zbog požude u svijetu, i postanete sudionici božanske naravi."* (Druga Petrova Poslanica 1:4) i još: *"To mislite u sebi što i u Kristu!"* (Poslanica Filipljanima 2:5).

Isus je sišao na ovaj svijet kao čovjek i postao slugom po volji Božjoj i izvršio svu svoju dužnost. Također je izvršio i zakon, i to s ljubavlju, nadvladavajući sve kušnje i nevolje i živeći u skladu s Riječi Božjom.

Pa iako je bio samo čovjek poput Vas samih, On je dragovoljno prihvatio sve boli, slijedio volju Božju s ustrajnošću i disciplinom i žrtvovao samoga sebe u ljubavi da umre na križu bez ikakva otpora ili pritužbi.

Pa kako, onda, mi možemo biti sudionici božanske naravi sa srcem Isusa Krista?

Morate razapeti svoju grješnu narav, koja se sastoji od strasti i želja, imati duhovnu ljubav i usrdno moliti za sudioništvo u božanskoj naravi misleći u sebi što i u Kristu.

S jedne strane, tjelesna ljubav traži sebstvo, a ta ljubav hladni s vremenom. Ljudi s takvom vrstom ljubavi izdaju jedni druge i trpe boli kad nisu suglasni.

S druge strane, Bog želi da imate ljubav koja je strpljiva, ljubazna i koja nije egoistična. To je, dakle, duhovna ljubav koja se nikad ne mijenja i koja cvjeta dan za danom. Možete misliti što i u Kristu ako imate duhovnu ljubav i ako odbacite svako zlo usrdnom molitvom.

Slično tomu, svatko može primiti Božje milosrđe i moć ako traži Njegovu pomoć u postu i usrdnoj molitvi. I Bog će biti na djelu zajedno s njim kako bi se on riješio svakog zla. Sjajit ćete poput sunca u kraljevstvu nebeskom ako imate duhovnu ljubav, stvarat ćete devet plodova Duha Svetoga (Poslanica Galaćanima 5) i primiti blaženstva (Evanđelje po Mateju 5).

Kao treće, iz Isusova boka potekli su krv i voda i to je dovoljno moćno da Vas odvede u istinski i vječni život.

Krv i voda iz Isusova boka bili su bez grijeha i bez prijekora jer On nije imao iskonskoga grijeha, a sam nije počinio nikakvoga grijeha. Duhovno gledano, upravo su ta krv i voda bili oni koji su mogli uskrsnuti. Budući da je prolio svoju svetu krv, Vaši su grijesi pročišćeni i možete živjeti istinskim životom koji vodi u spasenje, uskrsnuće i život vječni.

Voda, koja je potekla iz Isusova tijela, simbolizira vječnu vodu, Riječ Božju. Napunit ćete se istinom i postati pravim djetetom Božjim u onoj mjeri u kojoj razumijete Njegovu Riječ i odbacite svoje grijehe živeći u skladu s njom.

Isus, koji je bio bez grijeha i bez prijekora, odrekao se svega kako bi Vama dao istinski život do te mjere da su iz Njegova tijela potekli krv i voda, čak i ako niste ništa bolji od životinja.

Nadam se da razumijete da ste spašeni, a da pritom niste platili nikakvu cijenu, i da ćete odbaciti svoje grijehe u usrdnoj molitvi u vjeri kako biste mogli voditi plodonosan život u Isusu Kristu.

7. Poglavlje

Posljednjih sedam riječi Isusovih na križu

- Oče, oprosti im
- Danas ćeš biti sa mnom u raju
- Ženo, evo ti sina! Evo ti majke!
- *Eloi, Eloi, lama sabakthani?*
- Žedan sam
- Završeno je!
- Oče, u ruke tvoje povjeravam duh svoj

A Isus je molio: "Oče, oprosti im jer ne znaju što čine!" ... (redak 34)

... Pa nadoda: "Isuse, sjeti me se kada dođeš u svoje kraljevstvo!" On mu odvrati: "Zaista, kažem ti, danas ćeš sa mnom biti u raju!" Bijaše već oko šestoga sata kad nastade tama po svoj zemlji. I trajala je do devetoga sata. Sunce pomrča, a hramski se zastor razdrije po sredini. Tada Isus viknu glasno: "Oče, u ruke tvoje povjeravam duh svoj." To reče i - izdahnu. (reci 42-46).

Evanđelje po Luki 23 :34, 42-46

Većina se ljudi prisjeća svojih života kad im se smrt približi. Svoje posljednje riječi ostavljaju članovima svoje obitelji i prijateljima.

Isto tako, i Isus je u tijelu sišao na ovaj svijet u providnosti Božjoj i izrekao tih sedam riječi na križu kad je izdahnuo. One se nazivaju "Posljednjih sedam riječi Isusovih na križu."

Hajde da istražimo duhovno značenje posljednjih sedam riječi Isusovih na križu.

Oče, oprosti im

Autor Poslanice Filipljanima Isusa opisuje na sljedeći način. Isus:

> *To mislite u sebi što i u Kristu! On bijaše jednak Bogu i ne zadrža ljubomorno biti kao Bog, nego se odreče i postade sluga i ljudima jednak. Njegov život bi život čovjekov; ponizi se i bi poslušan do smrti, do smrti na križu. (Poslanica Filipljanima 2:5-8).*

Isus je raspet na križu kako bi pokazao svoju ljubav i poslušnost Bogu i tako otvorio vrata spasenja grješnicima.

Svjetina koja je stajala podno križa izrugivaše Isusa zajedno sa svećeničkim poglavarima: *"Druge je spasio! Neka spasi sam sebe, ako je zbilja Krist Božji, Izabranik!"* (Evanđelje po Luki 23:35).

I vojnici su mu se rugali i nudili mu ocat, govoreći: *"Ako si zaista kralj židovski, spasi sam sebe!"* (redak 37). Jedan ga je od zločinaca, koji bijahu obješeni ondje, pogrđivao: *"Zar nisi ti Krist? Spasi sebe i nas!"* (redak 39).

> *Tada dođoše na mjesto zvano Lubanja. Tu razapeše njega i zločince: jednoga zdesna, a drugoga slijeva. A Isus je molio: "Oče, oprosti im jer ne znaju što čine!" Tada baciše kocku i razdijeliše među se njegove haljine. (Evanđelje po Luki 23:33-34).*

Isus se molio Boga i tražio da im oprosti: "Oče, oprosti im jer ne znaju što čine!" sa svojim posljednjim dahom. Isus je molio Oca da se smiluje i oprosti onima koji nisu znali da Isusa, Sina Božjeg, evo razapinju kako bi im bili oprošteni grijesi. Možda nisu ni shvaćali da je njihovo djelo grijeh. To je Njegova prva riječ s križa.

Isus s ljubavlju moli za one koji Ga razapinju

Isus, Sin Božji, molio je za oni koji su Ga razapinjali iako je On bio i bez grijeha i bez prijekora. Koliko je samo duboka i velika Njegova ljubav! Isus je lako bio mogao sići s križa i izbjeći raspeće jer je On jedno s Bogom Svemogućim i jer Mu je Bog

Otac dao tu moć. Međutim, razapeli su Ga da bi se ispunio plan spasenja po volji Božjoj. Stoga, On je mogao pretrpjeti sve patnje i sramotu, moliti za njih s očajničkom ljubavlju i tražiti od Oca da im oprosti.

Isus je usrdno molio: "Oče, oprosti im jer ne znaju što čine!" Ovdje se "oni" ne odnosi samo na one koji su Ga razapeli i koji su Mu se rugali, nego i na sva ljudska bića koja ne priznaju Isusa Krista i koja nastavljaju živjeti u tami. Poput onih koji su razapeli Isusa, Sina Božjega, i danas mnogi griješe jer ne poznaju Isusa Krista i istinu.

Vaš neprijatelj, đavao, vreba iz tame i mrzi svjetlo, pa je on razapeo Isusa, samo svjetlo. I danas đavao kontrolira ljude koji žive u tami i potiče ih da progone one koji hodaju u svjetlu.

Pa kako da reagirate na progonitelje svoje koji ne poznaju istinu?

Isus Vas svojom prvom riječju s križa uči što je volja Božja i kakav bi trebao biti kršćanski stav. U Evanđelju po Mateju 5:44 stoji: *"A ja vam zapovijedam: Ljubite svoje neprijatelje i molite za one koji vas progone."* Dakle, moramo se moći moliti za sve one koji nas progone i govoriti: "Oče, oprosti im. Ne znaju što čine. Blagoslovi ih kako bi i oni priznali Gospodina i kako bismo se ponovno susreli u nebesima."

Danas ćeš biti sa mnom u raju

Dva zločinca također su bila razapeta dok je Isus visio na

križu, visoko na Golgoti, "mjestu zvanom Lubanja." (Evanđelje po Luki 23:33).

Jedan Ga je od njih pogrđivao, ali je drugi prekoravao prvog, pokajao se i priznao Isusa kao svog osobnog Spasitelja. A onda mu je Isus obećao da će još istoga dana biti s njim u raju. To je druga Isusova riječ na križu.

> *Jedan ga je od obješenih zločinaca pogrđivao: "Zar nisi ti Krist? Spasi sebe i nas!" Tada drugi progovori i ukori ga: "Zar se ne bojiš Boga, ni ti koji podnosiš istu kaznu? Mi smo s pravom osuđeni, jer primamo što odgovara onomu što učinismo. Ali, ovaj nije nikakva zla učinio." Pa nadoda: "Isuse, sjeti me se kada dođeš u svoje kraljevstvo!" On mu odvrati: "Zaista, kažem ti, danas ćeš sa mnom biti u raju!" (Evanđelje po Luki 23:39-43).*

Isus je svojom drugom riječju s križa objavio da je On Mesija koji može oprostiti grješnicima ako se oni pokaju i spasiti ih.

Kada čitate četiri Evanđelja, odgovori dvojice zločinaca zapisani su na različite načine. U Evanđelju po Mateju 27:44 stoji: *"Na isti su ga način vrijeđali i razbojnici koji skupa s njim bijahu razapeti."* U Evanđelju po Marku 15:32 stoji: *"Krist! Kralj Izraelov! Neka sad siđe s križa da vidimo i vjerujemo!' Vrijeđali su ga i oni što bijahu s njim razapeti."* U ova dva Evanđelja čitamo da su i zločinci vrijeđali Isusa.

Međutim, u Evanđelju po Luki 23 čitamo da je jedan zločinac ukorio drugoga, pokajao se za svoje grijehe, priznao Isusa i bio spašen. Nije to bilo zato što Evanđelja nisu usklađena jedno s drugim. Bog je, zapravo, u svojoj providnosti dopustio da autori taj događaj zabilježe na različite načine. U Bibliji su sažeti Božja providnost i povijesni elementi. Da je sve zapisano u pojedinosti, ne bi bilo dovoljno na tisuće Biblija.

Danas, ako nešto snimite video kamerom, možete to ponovno gledati, ali u Isusovo vrijeme nije bilo takve opreme pa nisu mogli snimiti nijednu fotografiju iako su to bili vrlo važni događaji. Mogli su samo zapisati te događaje. A putem neznatnih razlika možete doživjeti određenu situaciju znatno realističnije.

Bolje razumijevanje Isusova raspeća

Dok je Isus naviještao Radosnu vijest, slijedilo Ga je mnoštvo. Neki su htjeli čuti Njegovu poruku, neki su htjeli vidjeti čudesa i znamenja s nebesa, jedni su htjeli hranu, a drugi su, pak, prodavali svu svoju imovinu kako bi služili Isusu i slijedili Ga.

U Evanđelju po Luki 9 Isus blagoslivlja pet kruhova i dvije ribe. A broj onih koji su jeli bijaše otprilike pet tisuća muškaraca (Evanđelje po Luki 9:12-17). Zamislite samo koliko se ljudi, uključujući i one koji su ljubili ili mrzili Isusa i druge u mnoštvu, moralo samo skupiti na mjestu Njegova raspeća. Svjetina je okružila križ pa su im vojnici priječili prolaz kopljima i štitovima. Zamislite samo ljude u krugu pokraj križa kako viču na Isusa. Svjetina Ga je vrijeđala. Čak Ga je i jedan od zločinaca, koji su visjeli sa svake Isusove strane, vrijeđao.

Pa tko je onda mogao čuti što je rekao prvi zločinac? Više

nego vjerojatno atmosfera je bila izgrednička pa su samo oni koji su stajali sasvim blizu Isusu mogli čuti Njegove riječi. Drugi je zločinac rekao nešto Isusu sa prekornim izrazom lica. Taj je zločinac, zapravo, prekoravao drugog zločinca koji je vrijeđao Isusa. Međutim, oni koji su stajali daleko od križa mogli su lako pomisliti da je i ovaj zločinac, koji se, zapravo, pokajao, vrijeđao Isusa koji je bio raspet u sredini.

S jedne strane, u takvim bučnim uvjetima, svaki pisac Evanđelja po Mateju i po Marku, koji nisu mogli jasno čuti što to zločinac-pokajnik govori, mislio je da i on vrijeđa Isusa. Pa su i napisali da su oba zločinca vrijeđala Isusa.

S druge strane, autor Evanđelja po Luki jasno je čuo sve pa je znao da jedan od dvojice zločinaca nije vrijeđao Isusa, nego da se, zapravo, pokajao. Različiti pisci stajali su na različitim mjestima pa su i ovaj događaj opisali na različite načine.

Bog, koji sve zna, dopustio je da oni to zapišu na različite načine kako bi kasniji naraštaji mogli jasno razaznati određenu situaciju.

Mjesto na nebu za zločinca-pokajnika

Isus je zločincu koji se pokajao na križu prije smrti obećao: "Bit ćeš sa mnom u raju!" A to ima i duhovno značenje.

Nebesa, kraljevstvo Božje, prostrana su onkraj svake sposobnosti zamišljanja. Čak nam i Isus u Evanđelju po Ivanu 14:2 govori: *"U kući Oca mojega ima mnogo stanova. Inače, zar bih vam rekao: Idem da vam pripravim mjesto!"* A autor psalama potiče Vas ovako: *"Hvalite ga, nebesa nebeska, i vode nad svodom nebeskim!"* (Psalmi 148:4). U Knjizi Nehemijinoj 9:6 hvali se Bog, koji je stvorio nebo, i nebesa nad nebesima. Druga Poslanica Korinćanima 12:2 govori o *"čovjeku u Kristu, koji prije četrnaest godina – ne znam je li s tijelom, ne znam je li bez tijela, to Bog zna – bi uznesen do trećeg neba."* U Otkrivenju 21:2 stoji kako je u Novom Jeruzalemu Božje prijestolje.

Slično tomu, i na nebesima ima mnoštvo stanova. Međutim, nije Vam dopušteno živjeti na bilo kojem mjestu koje odaberete. Bog pravednosti nagradit će svakog od Vas, već prema onome što se učinili u ovome svijetu: u kojoj mjeri oponašate svojeg Gospodina i radite za kraljevstvo Božje te koliku ćete nagradu zaslužiti na nebesima itd. (Evanđelje po Mateju 11:12; Otkrivenje 22:12).

U Evanđelju po Ivanu 3:6 stoji: *"Što je rođeno od tijela, tijelo je; što je rođeno od Duha, duh je."* Ovisno o tome u kojoj se mjeri odreknete ovosvjetovnih stvari i postanete duhovna osoba, i stanovi na nebesima podijelit će se u skupine iste duhovne razine.

Naravno da je svaki stan na nebesima prelijep jer njime vlada Bog. Međutim, postoje razlike čak i unutar neba. Primjerice, životni stil, hobiji, životni standard i tomu slično u nekom glavnom gradu znatno se razlikuju od ruralnih područja. Isto tako, i Sveti grad, Novi Jeruzalem, najslavnije je mjesto na nebesima, gdje se nalazi i Božje prijestolje i gdje će prebivati djeca koja Mu najviše sliče.

Međutim, raj je mjesto u kojem živi zločinac koji se pokajao tik pred smrt na križu i nalazi se na rubu neba. Ondje će živjeti i mnogi koji će primiti sramotno spasenje. Oni su priznali Isusa Krista, ali nisu nastojali da se duhovno promijene.

Zašto je zločinac-pokajnik ušao u raj?

On je priznao u svojem dobrom srcu da je grješnik i priznao je Isusa kao svojeg Spasitelja. Međutim, nije se riješio svojih grijeha, nije živio prema Riječi Božjoj niti je naviještao evanđelje drugima. Nije radio za Gospodina. Nije učinio ništa da primi nebesku nagradu. I zato je ušao u raj, najniže nebo na nebesima.

Isusov silazak u gornji grob

No, iako je Isus obećao zločincu: "Još danas bit ćeš sa mnom u raju!", to ne znači da Isus živi samo u raju na nebesima. Isus, Kralj nad kraljevima i Gospodar nad gospodarima, upravlja i prebiva među djecom Božjom u svim nebesima, uključujući i raj i Novi Jeruzalem. U tom smislu On prebiva i u raju, ali i na drugim mjestima na nebesima.

Kad je Isus rekao spašenom zločincu: "Još danas bit ćeš sa mnom u raju!", "danas" se ne odnosi samo na točan dan kada je Isus umro na križu ni na bilo koji određeni dan. Isus je spomenuo da će On biti sa zločincem koji se pokajao ma gdje se taj zločinac našao od trenutka kad je postao djetetom Božjim.

Ako pogledate Bibliju, Isus nakon svoje smrti nije otišao u raj. U Evanđelju po Mateju 12:40 Isus govori nekim farizejima: *"Kako je, naime, Jona bio u utrobi morske nemani tri dana i tri noći, tako će i Sin Čovječji proboraviti u unutrašnjosti zemlje tri dana i tri noći."* A u Poslanici Efežanima 4:9 stoji: *"To uziđe, što drugo znači nego da i siđe u donje krajeve, na zemlju?"*

Osim toga, u Prvoj Petrovoj Poslanici 3:18-19 stoji: *"Jer, i Krist je jedanput umro zbog grijeha, pravedan za nepravedne da nas privede k Bogu; predan na smrt s obzirom na tijelo, ali oživljen s obzirom na duh, u kom otiđe propovijedati i dusima u tamnici."* Isus je otišao u gornji grob i propovijedao Radosnu vijest dusima prije nego što je uskrsnuo trećega dana. Zašto je to bilo potrebno?

Prije nego što je Isus sišao na ovaj svijet, mnogi ljudi iz doba Staroga zavjeta, pa čak i iz doba Novoga zavjeta, nisu imali prilike čuti Radosnu vijest, ali su živjeli u dobroti priznavajući Boga. Znači li to da su svi oni otišli u pakao samo zato što nisu znali tko je Isus?

Bog je poslao svojeg Sina Jedinorođenca na ovaj svijet i svatko tko Ga primi, bit će spašen. Bog ne bi ni pokrenuo kultivaciju ljudi da spasi samo one koji će primiti Isusa Krista nakon Njegova raspeća. Onima, koji nisu imali prilike čuti Radosnu vijest, ali su živjeli s dobrom savješću, sudit će se prema njihovoj savjesti.

S jedne strane, ti ljudi dobri u srcu okupljaju se u "gornjem grobu." S druge je strane "Had," koji se odnosi na "donji grob," mjesto na kojem će živjeti zle duše sve do Sudnjeg dana. Nakon svog raspeća Isus je otišao u gornji grob i ondje navieštao radosnu vijest dusima koji nisu poznavali Radosnu vijest, ali su živjeli s dobrom savješću i zaslužili su da budu spašeni.

Nema drugog imena pod nebesima koje je dano ljudima po kojima trebaju da budu spašeni osim Isusa Krista. I zato je Isus otišao i propovijedao o sebi dusima kako bi Ga i oni mogli priznati i biti spašeni.

Biblija nam govori da dusi, koji su spašeni prije Isusova raspeća, bivaju odneseni u krilo Abrahamovo (Evanđelje po Luki 16:22), ali nakon Njegova uskrsnuća bivaju odneseni u krilo Isusovo.

Spasenje prema sudu savjesti

Prije nego što je Isus sišao na ovaj svijet kako bi navijestio Radosnu vijest, dobri ljudi živjeli su slijedeći pravednost u svojim srcima. To je zakon savjesti. Dobri ljudi nisu činili ništa zloga čak ni kad bi bili u nevoljama i kad bi se suočili s poteškoćama jer su slušali glas svojega srca.

U Poslanici Rimljanima 1:20 stoji: *"Uistinu, što je na njemu nevidljivo, njegova vječna moć i Božanstvo, od stvaranja se svijeta, umom po stvorenjima promatrano, vidi – te nemaju isprike."*

Vidjevši svemir i skladnost svega na zemlji, oni s dobrim srcem vjeruju u život vječni. I zato oni ne žive u skladu sa svojom grješnom naravi, nego se obuzdavaju kako ne bi uživali u ovozemaljskim ugodama u strahu od Boga.

U Poslanici Rimljanima 2:14-15 stoji: *"Jer, kad god pogani, premda nemaju Zakona, vrše, vođeni naravlju, propise Zakona, oni su, nemajući Zakona, sebi samima zakon. Oni dokazuju da je zahtjev Zakona upisan u njihovim srcima, o čemu zajedno s tim svjedoči njihova savjest kad se unutarnji sudovi međusobno optužuju ili brane."*

Bog je zakon dao samo Izraelcima, ali ne i poganima.

Međutim, kada pogani žive prema tom zakonu u svojim srcima, svojoj savjesti koju grade i vrše sami od sebe, isto je kao i da imaju zakon. Ne možete reći da oni koji nisu vjerovali u Isusa Krista, ne mogu biti spašeni jer nikad u svom životu nisu čuli Radosnu vijest.

Među onima koji su umrli, a da prije toga nisu upoznali Isusa Krista, ima nekih koji su se uspjeli obuzdati i odreći zlih misli zbog svojih čistih srca. Ti će ljudi biti spašeni prema Božjem sudu njihove savjesti.

Ženo, evo ti sina! Evo ti majke!

Apostol Ivan zapisao je ono što je čuo i vidio s križa na kojemu je Isus visio. Ondje je bilo mnogo žena, uključujući i Mariju, Isusovu majku, Salomu, sestru Njegove majke, Mariju, ženu Kleofina i Mariju iz Magdale. U Evanđelju po Ivanu 19:26-27 Isus ražalošćenoj majci svojoj Mariji kaže da Ivana smatra svojim sinom, a Ivanu kaže da se za nju brine kao o svojoj majci:

> *Kad Isus opazi Majku i uz nju učenika kojega je osobito ljubio, reče majci: "Ženo, evo ti sina!" Zatim reče učeniku: "Evo ti majke!" I od tog je časa učenik uze za svoje.*

Zašto je Isus Mariju nazvao "ženom," a ne "majkom?"

Riječ "majka" Isus ne izgovara, ali je zapisuje apostol Ivan iz svoje perspektive. Pa zašto je, onda, Isus majku, koja Ga je rodila, nazivao "ženom?"

Kad pogledamo Bibliju, vidimo da je Isus nije nazivao "majkom."

Primjerice, u Evanđelju po Ivanu 2:1-11 Isus je učinio prvo čudo pretvorivši vodu u vino nakon što je započeo sa svojom službom. To se čudo zbilo na svadbi u Kani Galilejskoj. Na svadbu bijahu pozvani i Isus i Njegovi učenici. Kad im je ponestalo vina, Marija Mu reče: "Nemaju vina." Jer je ona znala da, kao Sin Božji, Isus može pretvoriti vodu u vino. Nato joj Isus reče: *"Što hoćeš od mene, ženo? Moj čas još nije došao."* (redak 4).

Isus je odgovorio da još nije došlo vrijeme da se On pokaže kao Mesija iako je Mariji bilo žao gostiju jer više nije bilo vina. Pretvaranje vode u vino duhovno znači da će Isus proliti svoju krv na križu.

Isus je govorio za sebe da je On sišao na ovaj svijet kao naš Spasitelj da dovrši Božji naum ljudskog spasenja na križu. Pa je zato Mariju zvao "ženom," a ne "majkom."

Osim toga, naš Spasitelj Isus je Bog u Trojstvu i Stvoritelj. Bog Stvoritelj je onaj KOJI JEST (Knjiga Izlaska 3:14), a On je Prvi i Posljednji (Otkrivenje 1:17, 2:8). I zato Isus ni nema majke, i zato je Isus naziva "ženom," a ne "majkom."

Danas mnoga djeca Božja Mariju nazivaju Isusovom "svetom majkom" ili čak izrađuju njezine kipove i štuju ih. Trebali biste razumjeti da je to posve pogrešno jer ona nije majka našega Spasitelja (Knjiga Izlaska 20:4).

Domovina na nebesima

Isus je tješio Mariju, koja je bila strašno ožalošćena Njegovim raspećem, i rekao je svom ljubljenom učeniku Ivanu da se brine za Mariju kao za svoju vlastitu majku. Pa iako je Isus trpio strašne boli na križu, On je još uvijek duboko mario o tome što će se dogoditi s Marijom poslije Njegove smrti. I ovdje možete doživjeti Njegovu ljubav.

Putem Isusove treće riječi na križu shvaćamo da smo u vjeri svi mi braća i sestre, Božja obitelj. U Evanđelju po Mateju 12 nalazi se prizor u kojemu Isusova obitelj dolazi da Ga posjeti. Kad Isusu kažu da Mu vani stoje majka i braća, On je odvratio:

A on onomu koji mu to javi odvrati: "Tko je moja majka, i tko su moja braća?" I, pruži ruku prema svojim učenicima te reče: "Evo moje majke i moje braće! Tko god, naime, vrši volju moga nebeskog Oca, on mi je brat, i sestra, i majka." (Evanđelje po Mateju 12:48- 50).

Kako bude rasla Vaša vjera nakon što priznate Isusa Krista, postat će Vam jasniji smisao Vaše domovine na nebesima i ljubit ćete svoju braću i sestre u Kristu više od članova svoje biološke obitelji. Ako članovi Vaše obitelji nisu djeca Božja, ni Vaša obitelj neće moći vječno trajati kao "obitelj". Vaši obiteljski odnosi završavaju se smrću. Ako oni ne vjeruju u Isusa Krista ili ako ne žive po volji Božjoj, čak i kad tvrde da vjeruju u Boga, otići će u pakao jer je plaća za grijeh smrt (Evanđelje po Mateju 7:21).

Vaše vidljivo tijelo pretvara se u prah nakon smrti, ali Vi imate besmrtni duh. Ako Vam Bog oduzme duh, bit ćete samo leš koji će ubrzo istruliti. Bog Stvoritelj stvorio je prvog čovjeka od praha zemaljskog i u nosnice mu udahnuo dah života pa je njegov duh postao besmrtnim. Upravo je Bog taj po kojemu se rađa Vaš besmrtni duh i koji stvara tijelo koje se vraća u prah. Stoga je on Vaš istinski Otac.

Evanđelje po Mateju 23:9 nam govori: *"Nikoga na zemlji ne nazivajte svojim ocem, jer imate jednog jedinog Oca, onoga nebeskoga!"* No, to ne znači da ne biste trebali ljubiti nevjernike u svojoj obitelji. Vrlo je važno da ih istinski ljubite, da im naviještate evanđelje i da ih vodite k prihvaćanju Isusa Krista.

Eloi, Eloi, lama sabakthani?

Isus je bio raspet na križu kad bijaše treći sat, a od šestog sata nastade tama po svoj zemlji do devetog sata, kada je izdahnuo. Da bi se to pretvorilo u suvremenu koncepciju vremena, raspet je u devet sati ujutro, a tri sata poslije toga, u podne, tama nastade po svoj zemlji sve do tri sata poslijepodne.

Kada dođe šesti sat, nastade tama po svoj zemlji do devetog sata. U deveti sat viknu Isus jakim glasom: "Eloi, Eloi, lama sabakthani?" – što znači: "Bože moj, Bože moj, zašto si me ostavio!" (Evanđelje po Marku 15:33-34)

Šest sati kasnije, u deveti sat, Isus viknu jakim glasom: "Eloi, Eloi, lama sabakthani?" To je Isusova četvrta riječ s križa.

Isus je bio iscrpljen jer je bio obješen na križu već šest sati, lijevajući svoju krv i vodu pod jakim pustinjskim suncem. Bio je do kraja iscrpljen. Pa, zašto je onda viknuo jakim glasom?

Svaka od sedam riječi Isusovih s križa ima duhovno značenje. Da ih se nije čulo, bile bi posve bezvrijedne. Cilj je bio jasno zapisati tih sedam riječi u Bibliji kako bi svatko mogao razumjeti volju Božju.

Zato je On tih sedam riječi viknuo s križa zadnjim naporima kako bi ih oni oko križa mogli jasno čuti i tako zapisati.

Neki kažu da je Isus vikao u znak ogorčenosti prema Bogu jer je morao u tijelu sići na ovaj svijet i bespotrebno pretrpjeti velike boli. Međutim, to apsolutno nije istina.

Zašto je Isus viknuo: *"Eloi, Eloi, lama sabakthani?"*

Razlog zbog kojega je On sišao na ovaj svijet bio je da uništi vražja djela i otvori nam vrata spasenja.

Dakle, Isus je bio poslušan voljji Božjoj sve do smrti i u cijelosti se dao razapeti. Prije raspeća usrdnije je molio, a znoj mu se pokaza kao kapi krvi što kapaju na zemlju (Evanđelje po Luki 22:42-44). Nosio je svoj teret, u cijelosti svjestan patnji koje će podnijeti na križu.

Podnosio je zlostavljanje i patnje na križu jer je poznavao Božji naum za ljudska bića. Pa kako bi, onda, Isus mogao zamjerati Bogu to što se suočava sa svojom smrću? Njegov povik nije bio uzdah žaljenja ili predbacivanja Bogu. Isus je i za to imao svoje razloge.

Kao prvo, Isus je htio objaviti svijetu da ga razapinju kako bi sve grješnike otkupio od grijeha.

Htio je da svi razumiju da je On ostavio svoju slavu na nebu i da Ga je Bog posve zanemario iako je On bio Sin Jedinorođenac Božji. Viknuo je jakim glasom kako bi svi znali kako on podnosi nevjerojatne bolove na križu kako bi spasio i otkupio grješnike od grijeha. Biblija nam pokazuje da je Boga obično nazivao "Oče moj," ali Ga je na križu Isus nazvao "Bože moj." A to je zato što je Isus na se primio križ u ime grješnika, a grješnici ne mogu Boga nazivati "Ocem."

U tom je trenutku Bog obeščastio Isusa kao grješnika koji nosi sve grijehe ljudskih bića i Isus se nije usudio nazvati Boga "Ocem". Na isti taj način, Boga nazivate "Abba, Oče naš" kada Ga ljubite, ali samo "Bože" umjesto "Oče" kad ste se odvrgnuli od Boga jer počinjate grijehe ili Vam je vjera slaba.

Bog želi da svi ljudi postanu Njegova istinska djeca koja će Ga zvati "Oče" tako što će priznati Isusa i hodati u svjetlu.

Kao drugo, Isus je želio upozoriti ljude koji nisu poznavali Božju volju i koji su još uvijek živjeli u tami.

Bog je poslao svog Sina Jedinorođenca, Isusa Krista, na ovaj svijet i dopustio da Mu se Njegova vlastita stvorenja rugaju i da Ga razapnu. Isus je znao zašto je Bog tako obeščastio svojeg Sina, ali rulja koja Ga je razapela nije poznavala volju Božju. On je viknuo: "Bože moj, Bože moj, zašto si me ostavio!" kako bi neznalice spoznali Božju ljubav i pokajali se da bi se mogli vratiti na put spasenja.

Žedan sam

U Starom zavjetu veliki je broj proročanstava o Isusovim patnjama na križu. U Psalmima 69:22 stoji: *"U jelo mi žuči umiješaše, u mojoj me žeđi octom napojiše."* I, baš kao što je prorokovano u Psalmima, kad je Isus rekao: "Žedan sam," namočili su spužvu u vinski ocat, nataknuli spužvu na stabljiku izopove trske i primaknuli je k Isusovim ustima.

Poslije toga Isus, znajući da je sve već izvršeno, reče tako da bi se ispunilo Pismo: "Žedan sam." Tu bijaše posuda puna octa. Tada nataknuše na izopovu trsku spužvu punu octa i primaknuše je k Isusovim ustima. (Evanđelje po Ivanu 19:28-29).

Mnogo prije nego što se Isus rodio u gradu Betlehemu, autor Psalama je u viđenju vidio kako će Isus biti razapet i umrijeti na križu i to je zapisao. Isus je rekao: "Žedan sam" da bi se ispunilo Pismo.

Hajdemo razmišljati o duhovnom značenju Isusove pete riječi na križu: "Žedan sam."

Isus objavljuje svoju duhovnu žeđ

Mnogi mogu podnositi glad, ali ne i žeđ. Isus je bio posvema iscrpljen jer je šest sati visio na križu pribijen čavlima i lijevao svoju krv pod zasljepljujućim pustinjskim suncem. Ne može se ni zamisliti koliko je samo bio žedan.

Međutim, to ne znači da Isus nije mogao podnositi svoju žeđ kad je rekao: "Žedan sam." Znao je da će se ubrzo vratiti Bogu u miru.

Zapravo, On je više patio zbog duhovne nego zbog fizičke žeđi. To je Isusova žarka želja za djecom Božjom: "Žedan sam jer sam prolio krv. Ublažite mi žeđ plaćajući za moju krv."

Prošle su dvije tisuće godina od Isusove smrti na križu, ali nam On još uvijek govori da je žedan. Njegova je žeđ prouzročena prolijevanjem Njegove krvi. A svoju je krv On prolio kako bi Vam oprostio grijehe i podario Vam život vječni.

Isus Vam govori da je žedan kako bi pokazao svoju spremnost da spasi sve one izgubljene duše. I zato djeca Božja, koja su spašena po Isusovoj krvi, moraju Mu nadoknaditi tu krv.

Način na koji ćete platiti za Njegovu krv i ublažiti Mu žeđ je taj da predvodite ljude na njihovu nepoznatom putu iz pakla u raj.

Zato morate biti zahvalni Isusu koji je prolio svoju krv i odmah Mu ublažiti žeđ vođenjem ljudi na put spasenja.

Završeno je!

U Evanđelju po Ivanu 19:30 Isus uze ocat i reče: "Završeno je!" te nakloni glavu i predade duh. Isus je pio sa spužve nataknute na stabljiku izopove trske. Nije to bilo zato što nije više mogao podnositi svoju žeđ. U tom činu skriveno je duhovno značenje.

Razlog zbog kojega se Isus utjelovio na ovom svijetu bio je da Ga se raspne na križ radi grijeha čovječanstva. Po svojoj velikoj ljubavi za nas Isus je ispunio zakon Starog zavjeta i na se uzeo sve grijehe i prokletstva svih ljudskih bića umjesto njih. Za doba Starog zavjeta ljudi su Bogu prinosili žrtve životinjske krvi kada bi zgriješili. Međutim, Isus je prinio samo jednu žrtvu za grijehe cijeloga svijeta kada je prolio svoju krv (Poslanica Hebrejima 10:11-12). Dakle, grijesi ti se opraštaju kada priznaš Isusa Krista jer te je On već otkupio. Milost otkupljenja po Isusu Kristu odnosi se na novo vino, a On je pio od vinskog octa kako bi nama dao novo vino.

Duhovno značenje riječi "Završeno je!"

Isus reče: "Završeno je!" i predade duh. Što to znači, duhovno gledano?

Isus je postao tijelom, sišao na zemlju, naviještao evanđelje, ozdravljao sve nemoći i bolesti i otvorio put spasenja uzimajući na se križ za sve one kojima je bila suđena smrt.

Ispunio je zakon Starog zavjeta s ljubavlju dok se žrtvovao do same smrti. Također, pobijedio je i đavla, uništavajući u cijelosti đavolije djelo. To jest, On je ispunio božanski naum ljudskog spasenja. I zato je Isus na križu rekao: "Završeno je!"

Bog želi da Njegova djeca ispunjavaju sve svoje dužnosti tako što će živjeti po Božjoj volji, baš kao što je i Njegov Sin Jedinorođenac, Isus, ispunio svu providnost spasenja bivajući poslušan svojem Ocu sve do žrtvovanja vlastitog života prema volji i naumu Božjem.

Zato, prvo morate oponašati srce svoga Gospodina zadobivanjem duhovne ljubavi: baštinjenjem devet darova Duha Svetoga (Poslanica Galaćanima 5:22-23) i postizanjem blaženstava (Evanđelje po Mateju 5:3-10). A onda morate biti vjerni zadatku koji Vam je povjerio Gospodin. Morate k Gospodinu dovesti što je moguće više ljudi usrdnim molitvama, navještanjem evanđelja i služenjem crkvi.

Nadam se da će svako od Vas, dragocjene Božje djece, nadvladati ovaj svijet s čvrstom vjerom, nadom u raj i ljubavlju prema Bogu i da će priznati: "Završeno je!" bivajući poslušan Bogu i Njegovoj volji na način koji nam je pokazao naš Gospodin Isus Krist.

Oče, u ruke tvoje povjeravam duh svoj

U trenutku kad je izustio svoje posljednje riječi na križu, Isus je bio posve iscrpljen. U tom stanju Isus glasno viknu: "Oče, u ruke tvoje povjeravam duh svoj."

Tada Isus viknu glasno: "Oče, u ruke tvoje povjeravam duh svoj." To reče i – izdahnu. (Evanđelje po Luki 23:46).

Primijetite da je Isus Boga nazvao "Oče," a ne više "Bože moj." To znači da je Isus sad dovršio svoje poslanje u vidu žrtve okajnice.

Isus je svoj duh i dušu povjerio Bogu

Zašto je Isus, koji je na zemlju došao kao naš Spasitelj, svoj duh i dušu povjerio u ruke svojega Oca?

Čovjek se sastoji od duha, duše i tijela (Prva Poslanica Solunjanima 5:23). Kad on umre, duh i duša mu napuštaju tijelo. Njegovi se duh i duša vraćaju Bogu ako je on dijete Božje. U protivnom, duh i duša mu idu u pakao (Evanđelje po Luki 16:19-31). Tijelo mu sahrane i vraća se u prah.

Isus, Sin Božji, u tijelu je sišao na ovaj svijet. Imao je duh, dušu i tijelo, baš kao i mi. Kad su Ga razapeli, tijelo Mu je umrlo, ali ne i Njegovi duh i duša; On je svoje duh i dušu povjerio u ruke Božje.

Bog Vam prima i duh i dušu kad umrete. Ako Vam Bog primi samo duh, ali ne i dušu, nikada nećete doživjeti istinsku sreću na nebesima niti ćete ikada biti zahvalni iz dubine svoga srca. Zašto? Nećete se sjećati stvari koje izlaze iz Vaše duše, kao što su suze, tuga, patnja i druge stvari koje ste podnijeli na ovoj zemlji. I zato Bog prima i duh i dušu.

Pa zašto je, onda, Isus svoje duh i dušu povjerio Bogu? Zato što je Bog Stvoritelj, koji vlada nad svime što je u svemiru i koji se brine i za Vaš život, i za Vašu smrt, prokletstva i blagoslove. To jest, sve pripada Bogu i sve je pod Njegovom vlašću. Bog je Jedini koji uslišava Vaše molitve. Tako se i Isus morao moliti da bi svoje duh i dušu povjerio Bogu Ocu (Evanđelje po Mateju 10:29-31).

Isus je glasno molio

Zašto je Isus molio glasno iako je bio usred velikih boli i rekao: "Oče, u ruke tvoje povjeravam duh svoj?"

Zato što je htio da ljudi čuju i spoznaju da je glasna molitva bila volja Božja. Njegova je molitva da Bogu povjeri svoj duh bila podjednako usrdna kao i Njegova molitva u Getsemanskom vrtu tik prije uhićenja.

Također Isusova molitva: "Oče, u ruke tvoje povjeravam duh svoj" dokazuje da je Isus ispunio sve po volji Božjoj. To jest, On je sad mogao ponosno povjeriti svoj duh Bogu nakon što je dovršio svoje poslanje u potpunoj poslušnosti prema Bogu.

Apostol Pavao priznaje: *"Dobar sam boj bio, trku dovršio, vjernost sačuvao. Za budućnost mi je spremljen vijenac pravednosti koji će mi u onaj Dan dati Gospodin, pravedni sudac, i ne samo meni, nego i svima koji čeznutljivo čekaju njegovo pojavljivanje."* (Druga poslanica Timoteju 4:7-8).

I đakon Stjepan živio je također po volji Božjoj i održao vjeru. Zato je i mogao moliti: *"Gospodine Isuse, primi duh moj!"* dok je izdisao (Djela apostolska 7:59). Apostol Pavao i Stjepan ne bi se bili mogli moliti na takav način da su živjeli svjetovnim životom, u potrazi za užicima grješne naravi.

Isto tako, i ti možeš ponosno reći: "Završeno je!" i "Oče, u ruke tvoje povjeravam duh svoj," baš kao što je to učinio Isus, ako si živio samo po volji Boga Oca.

Što se dogodilo poslije Isusove smrti?

Isus je umro na križu nakon što je glasno viknuo svoje posljednje riječi. Bio je deveti sat (tri sata poslijepodne). Iako je još bio dan, nastade tama po svoj zemlji od šestoga sata (podneva) do devetoga sata, a hramski se zastor razdera po sredini (Evanđelje po Luki 23:44-45).

Odjednom se hramski zastor razdera na dvoje, od gore do dolje; zemlja se potrese, pećine se raspuknuše, a grobovi otvoriše, te uskrsnuše mnoga tijela svetaca što bijahu umrli. Iziđoše iz grobova poslije Isusova uskrsnuća, dođoše u Sveti grad i pokazaše se mnogima. (Evanđelje po Mateju 27:51-53).

Važno je duhovno značenje fraze "hramski se zastor razdera na dvoje, od gore do dolje." Dugački hramski zastor dijelio je svetište od svetohraništa. Nitko nije smio ući u svetište osim svećenika, a samo je veliki svećenik smio ući u svetohranište jedanput godišnje.

Razdor hramskoga zastora znak je da je Isus prinio sebe kao žrtvu pomirnicu kako bi srušio zid grijeha. Prije nego što se zastor razderao na dvoje, veliki svećenik bi prinosio žrtvu pokajnicu u ime ljudi i posredovao između njih i Boga.

Vi imate izravan odnos s Bogom jer je Isusovom smrću srušen zid grijeha. To jest, tko god vjeruje u Isusa Krista, može ući u svetište i štovati i moliti Boga bez posredovanja velikih svećenika ili proroka.

Stoga, autor Poslanice Hebrejima primjećuje: *"Prema tome, braćo, budući da imamo puno pouzdanje za ulazak u Svetinju nad svetinjama krvlju Isusa – taj novi životonosni put otvori nam on kroz zastor, to jest kroz svoje tijelo."* (Poslanica Hebrejima 10:19-20).

Osim toga, zemlja se potrese i pećine se raspuknuše. Svi nam ti nadnaravni događaji kazuju da se potresla sva priroda na ovome svijetu. Bio je to znak Božje žalosti prouzročene ljudskom zloćom. Bog je tako izrazio da je duboko povrijeđen jer je ljudsko srce bilo previše tvrdo da bi primilo Isusa Krista iako je On svojeg Sina Jedinorođenca žrtvovao da ih spasi.

Grobovi se otvoriše te uskrsnuše mnoga tijela svetaca što bijahu umrli. Dokaz je to uskrsnuća da je svakome tko vjeruje u Isusa Krista oprošteno i da on ponovno živi.

Stoga se nadam da razumijete duhovno značenje i ljubav Gospodnju u Njegovih posljednjih sedam riječi na križu kako biste mogli živjeti pobjedonosan kršćanski život, čeznutljivo iščekujući pojavljivanje Gospodnje, baš kao i praoci vjere.

8. Poglavlje

PRAVA VJERA I ŽIVOT VJEČNI

- Koliko je duboka ta tajna!
- Lažno priznavanje vjere ne vodi k spasenju
- Tijelo i krv Sina Čovječjega
- Oproštenje samo ako hodite u svjetlu
- Vjera popraćena djelima je prava vjera

Tko jede tijelo moje i pije krv moju, ima život vječni. I ja ću ga uskrisiti u posljednji dan. Jer, tijelo je moje istinsko jelo, i krv je moja istinsko piće. Tko jede tijelo moje i pije krv moju, ostaje u meni i ja u njemu. Kao što je mene poslao živi Otac i kao što ja živim od Oca, tako će i onaj koji mene jede, živjeti od mene.

Evanđelje po Ivanu 6 :54-57

Konačni cilj vjere u Isusa Krista i dolaženja u crkvu jest spasenje i zadobivanje života vječnoga. Međutim, mnogi misle da će biti spašeni samo zato što idu u crkvu nedjeljom i samo zato što kažu da vjeruju u Isusa Krista, a da pritom ne žive po riječi Božjoj.

Naravno, kao što stoji u Poslanici Galaćanima 2:16: *"Ali, kako znamo da se čovjek ne opravdava zbog djela Zakona, nego samo vjerom u Isusa Krista, i mi smo prigrlili vjeru u Isusa Krista da budemo opravdani zbog vjere u Krista, a ne zbog djela Zakona. Jer, zbog djela Zakona neće nitko biti opravdan,"* ne možete ući u raj niti biti opravdani samo ako izvana poštujete zakon, poglavito ako Vam je srce puno zloće. Nemate nikakav odnos s Isusom Kristom ako nastavite počinjati grijehe i ako ne slijedite Božju riječ, čak i nakon što je čujete.

I zato biste trebali shvatiti da ćete se teško spasiti samim priznavanjem svoje vjere ustima. Krv Isusa Krista čisti Vas od Vaših grijeha i spašava Vas samo ako hodite u svjetlu i živite u istini. Trebali biste imati pravu vjeru popraćenu djelima (Prva Ivanova poslanica 1:5-7).

Razmislimo sada u pojedinosti o tome kako zadobiti pravu vjeru da bismo primili potpuno spasenje i život vječni kao prava djeca Božja.

Koliko je duboka ta tajna!

U Poslanici Efežanima 5:31-32 stoji: *"Zato će čovjek ostaviti oca i majku te prionuti uza ženu svoju i bit će oboje jedno tijelo. To je duboka tajna; ja to protežem na Krista i Crkvu."*

Zdravi razum nalaže da ljudi ostave svoje roditelje i da se ujedine sa svojim mužem ili ženom kada odrastu. Pa zašto je, onda, Bog rekao da je to duboka tajna? Ako ovaj redak tumačite i razumijete doslovce, ne biste znali što znači ta "duboka tajna," ali ako shvaćate njegovo skriveno duhovno značenje, ispunit ćete se radošću.

"Crkva" se ovdje odnosi na djecu Božju koja su primila Duha Svetoga. Naime, Bog je odnos između Isusa Krista i vjernika usporedio s odnosom između muža i žene koji su ujedinjeni.

Kako možete napustiti svijet i ujediniti se sa svojom nevjestom, Isusom Kristom?

Ako s vjerom priznate Isusa Krista

Otkako je prvi čovjek Adam počinio grijeh neposluhom prema Bogu, grijeh je ušao na ovaj svijet. Svi su njegovi potomci postali sluge grijehu i djeca neprijateljskog đavla koji vlada ovim svijetom.

I Vi ste pripadali ovom svijetu i neprijateljskom đavlu, koji ima moć nad ovim svijetom tame, prije nego što ste priznali Isusa Krista. To se potvrđuje u Evanđelju po Ivanu 8:44, gdje stoji:

"Vama je otac đavao, i hoćete da vršite želju oca svojega. On bijaše ubojica ljudi od iskona. I nije stajao u istini, jer u njem nije istina. Kad god laže, govori svoje vlastito, jer je lažac i pravi otac laži." I u Prvoj Ivanovoj poslanici 3:8, gdje stoji: *"Tko počinja grijeh, od đavla je; jer đavao griješi od početka."*

Međutim, kada priznate Isusa Krista kao svojeg Spasitelja i kada uđete u svjetlo, primit ćete vlast kao dijete Božje i postati bez grijeha jer su Vam svi grijesi oprošteni krvlju Isusa Krista.

Ako vjerujete da Vas je Isus Krist otkupio od Vaših grijeha uzimajući na se križ, Bog Vam daruje Duha Svetoga, a Duh Sveti rađa duhom u Vašemu srcu. Duh Vam Sveti govori i uči Vas volji Božjoj kako biste se dobro vladali i živjeli u istini.

Potom postajete dijete Božje koje vodi Duh Sveti, po Njemu vapite: "Abba, Oče naš" (Poslanica Rimljanima 8:14-15), i baštinite kraljevstvo nebesko.

Kako je samo prekrasno i tajanstveno to da djeca đavla, koja su jednom pala u vječnu smrt, postaju djeca Božja, koju sada vode put raja putem vjere!

Kad ste ujedinjeni s Isusom Kristom po vjeri u Njega, Duh Sveti ulazi u Vaše srce i ujedinjuje se sa sjemenom života. Bog je stvorio prvog čovjeka od zemlje i u nosnice mu je udahnuo dah života. Dah života je sjeme života, sami život. Dakle, on nikada ne može umrijeti i prenosi se potomcima putem spermija i jajašaca ljudskih bića s jednog naraštaja na drugi.

To sjeme života omotava srce. Nakon što je Bog stvorio Adama, on mu je u srce zasadio znanje života, znanje duha. Isto tako, i novorođenče mora naučiti znanje ovoga svijeta kako bi postalo kulturnim i karakternim čovjekom i živjelo kao ljudsko biće; ljudskom je biću potrebno znanje života kako bi postalo pravo ljudsko biće, čak i ako je ono već sami život.

Adam je nekoć bio ispunjen znanjem duha, naime istinom. Međutim, nakon neposluha Bogu došlo je do prekida komunikacije s Bogom. A onda je malo-pomalo počeo gubiti znanje života i u njegovu se srcu nastanila neistina.

Otada se srce, koje je bilo ispunjeno samo istinom, puni dvjema stvarima: istinom i neistinom. Primjerice, Adam je u svome srcu imao ljubavi, ali je neprijateljski đavao posadio u njega neistinu zvanu mržnja. Kao rezultat toga, kao što vidimo u Knjizi Postanka 4, Kain, kojemu je Adam dao život nakon što je počinio grijeh, ubio je svoga brata Abela iz zavisti i ljubomore.

Kako je vrijeme prolazilo, u srcu, koje je bilo ispunjeno istinom i neistinom, počeo se razvijati i drugi dio. Taj se dio naziva "naravi." Karakteristike i osobine nasljeđujete od svojih roditelja. Sve što vidite, čujete i naučite usađujete u svoj um, zajedno s osjećajima. To dvoje tvori "narav" u potrazi za istinom.

Ta se narav često naziva još i "savješću," a ona se tvori na različite načine, ovisno o vrsti ljudi koje upoznajete, vrsti knjiga koje čitate i vrsti okolnosti u kojima ste odrasli. Primjerice, gledajući isti događaj ili pojedinca, neki kažu: "Zlo je," a drugi, pak, kažu: "Dobro je" ili "Od dobroga je."

Stoga, kada analizirate nečije srce, u njemu su istinski dio koji pripada Bogu, neistinski dio koji je darovao sotona i narav te osobe nastala kao rezultat tih dvaju dijelova.

Duh Sveti ujedinjen sa sjemenom života u srcu

U Adamovom slučaju ta su tri dijela omotavala sjeme života koji mu je Bog podario u srcu. To je stanje kada se ispunila Božja riječ: "Uistinu ćeš umrijeti" nakon što je Adam jeo sa stabla spoznaje dobra i zla. Čak i ako postoji sjeme života, ono baš kao da je mrtvo jer ne ispunjava svoju funkciju.

Primjerice, kada sijete sjeme na polju, neće sve sjeme niknuti jer je dio njega već mrtav. No, ako je sjeme živo, ono će zasigurno niknuti.

Isto se to događa s ljudskim bićima. Ako je sjeme života koje im je Bog podario posve mrtvo, ono ne može oživjeti i nema potrebe da Bog priprema Isusa Krista za spasenje ljudskih bića niti da stvara raj i pakao.

Međutim, sjeme života koje je Bog podario čovjeku kada je u njega udahnuo dah života je vječno. Kada primite evanđelje, sjeme života oživljava; i što je veći istinski dio u Vašemu srcu, to ćete lakše moći prihvatiti evanđelje. Tko god sluša poruku križa i prizna Isusa Krista, taj prima Duha Svetoga. U tom trenutku sjeme života u Vašemu srcu ujedinjuje se s Duhom Svetim.

Naprotiv, ljudi podijeljene savjesti nemaju mjesta u srcu za ulazak evanđelja jer srce neistine posve omotava i sakriva sjeme života u njihovim srcima. Sjeme života koje se nalazi u stanju smrti zadobiva moć da ispunjava svoju funkciju tek kad se ujedini s velikom Božjom moći, Duhom Svetim.

Postajanje čovjekom od duha

Kako dolazite na misno slavlje, shvaćate Božju riječ i molite, Božja milost i velika snaga silaze na Vas i omogućuju Vam da slijedite narav Duha Svetoga.

Tim procesom se Vaše srce i duh ujedinjuju kako Vaše srce postaje sve istinskije uklanjanjem neistine iz njega i ispunjavanjem srca istinom. Ako je nečije srce do kraja ispunjeno znanjem duha i istinom, to je srce sami duh, baš kao što je to bio i prvi čovjek Adam.

No, čak i ako izgleda da vjerujete, djelovat ćete prema svojoj naravi ako se ne molite. Duh Sveti u Vama ne može dati život duhu i Vi ćete i dalje biti čovjek od tijela. Nadalje, ne možete slijediti narav Duha Svetoga ako ne slomite vlastite misli i argumente, čak i ako se ustrajno molite dulje vrijeme. Stoga se ne možete niti preobraziti u čovjeka od duha.

Duh Sveti omogućuje Vam da mislite prema istini u Vašem srcu. To jest, da živite prema željama Duha Svetoga. Isto tako, i sotona djeluje na isti način kako bi Vas odveo na put uništenja, iskušavajući Vas da slijedite tjelesne misli sve dok budete imali neistinu u svojem srcu.

Stoga, imate pravo da se riješite i tjelesnih misli i lažne pravednosti, baš kao što stoji u Drugoj poslanici Korinćanima 10:5: *"Razaramo mudrolije i svu uznositost koja se uzdiže protiv spoznaje Boga. Zarobljujemo svako mišljenje, tako da se Kristu pokorava."*

Kad ste poslušni riječi Božjoj i kada kažete: "Da" i slijedite želje Duha Svetoga, Vaše se srce može ispuniti samo istinom i tek tada postajete savršeno posvećenim čovjekom od duha.

Možete dobiti sve što zatražite

Postajete jedno s Gospodinom kada odbacite svu neistinu, slomite lažnu "pravednost," dajući život Duhu Svetomu i kada Vam srce bude čisto poput srca Vašeg Gospodina Isusa Krista.

Muškarac i žena postaju jednim tijelom i daju život djetetu ujedinjenjem spermija i jajašca. Isto tako, kada istupite iz ovoga svijeta i postanete jedno s Isusom Kristom, svojom nevjestom, tako što ćete ga priznati, dat ćete život duhu putem Duha Svetoga i u obilju ćete primiti blagoslov življenja života djeteta Božjeg.

Kao što stoji u Poslanici Rimljanima 12:3, više je mjera vjere, a odgovore primate već prema tim mjerama. U Prvoj Ivanovoj poslanici 2:12 i recima koji slijede rast vjere uspoređuje se s procesom odrastanja ljudskih bića.

Oni koji priznaju Isusa Krista, primaju Duha Svetoga i, spašeni, imaju vjeru dječice (Prva Ivanova poslanica 2:12). Oni koji istinu pokušaju prenijeti u djelo, imaju vjeru dječaka (Prva Ivanova poslanica 2:13). Kad još više odrastu i uistinu uspiju prenijeti istinu u djelo, imaju vjeru mladića (Prva Ivanova poslanica 2:13). Ako još više odrastu, imaju vjeru otaca (Prva Ivanova poslanica 2:13).

Kada čitate o Jobu iz Staroga zavjeta, Bog ga je prepoznao kao bezgrješnog i pravednog čovjeka, ali kada ga je sotona izazvao, Bog je dopustio sotoni da kuša Joba. U početku je Job inzistirao na tome da je pravedan. Međutim, ubrzo je spoznao svoju zloću i pokajao se pred Bogom kad je kušnja razotkrila zlo u njegovoj naravi. Lažna Jobova pravednost bila je slomljena, a srce mu je postalo pravedno i čisto u Božjim očima. Tek ga je onda Bog mogao blagosloviti dvostruko obilatije nego prije.

Isto tako, ako zadobijete mjeru vjere otaca, što je najviši stupanj vjere, slamanjem vlastite lažne pravednosti i postajanjem jednim s Gospodinom, možete primiti obilje blagoslova kao dijete Božje. To Vam je Bog obećao u Prvoj Ivanovoj poslanici 3:21-22: *"Ljubljeni, ako nas srce ne osuđuje, imamo pouzdanje u Boga. I što ga god molimo, primamo od njega, jer vršimo njegove zapovijedi i činimo što mu se sviđa."*

Možete uživati u blagoslovima kao dijete Božje

Na taj način postajete jedno s Isusom Kristom u toj mjeri da postajete duhovni. Također primate i blagoslov postajanja jednim s Bogom u onoj mjeri u kojoj postignete Božju pravednost.

Isus nam je u Evanđelju po Ivanu 15:7 obećao: *"Ako ostanete u meni i ako moje riječi ostanu u vama, ištite što god hoćete i primit ćete."* Također u Evanđelju po Ivanu 17:21 On nam kaže: *"da svi budu jedno. Kao što si ti, Oče, u meni i ja u tebi, tako neka i oni u nama budu jedno, da svijet povjeruje da si me ti poslao!"*

Isto tako, ako se ujedinite s Gospodinom izlaskom iz ovoga svijeta kojim vlada đavolska moć tame, postajete jedno s Bogom Ocem. O tome u Poslanici Galaćanima 4:4-7 stoji ovako:

Ali, kad se ispunilo vrijeme, posla Bog svoga Sina, rođena od žene, podređena Zakonu, da otkupi podređenike Zakona i da primimo sinovstvo. A budući da ste sinovi, posla Bog u naša srca Duha svoga Sina koji viče: "Abba – Oče naš!" Stoga, nisi više rob, nego sin. A ako si sin, i baštinik si po Bogu.

Na isti način na koji ljudi baštine imovinu od svojih roditelja i Vi baštinite kraljevstvo Božje kad postanete Njegovim djetetom priznavanjem Isusa Krista. To jest, đavlija djeca baštine pakao od đavla, a djeca Božja baštine raj od Boga.

Međutim, morate imati na umu da oni koji ne dadnu život duhu po Duhu Svetomu, moraju otići u pakao jer je raj čisto mjesto ispunjeno samo istinom te da ćete primiti slavu boravka u Božjoj blizini u raju u onoj mjeri u kojoj Vaš duh napreduje i postane jedno s Bogom.

Stoga, nadam se da ćete primiti blagoslov života vječnoga priznavanjem Isusa Krista, svoje nevjeste, i da ćete postati jedno s Gospodinom Isusom i Bogom Ocem odbacivanjem sve neistine i svake lažne pravednosti. Na taj način možete proslaviti Boga.

Lažno priznavanje vjere ne vodi k spasenju

Isus Krist postaje Vaša prava nevjesta koja Vas vodi na put života vječnoga i blagoslova kad se ujedinite s Njim putem vjere. Ako je Vaše srce nalik srcu Isusa Krista, Vaše nevjeste, i ako zadobijete savršenu vjeru, ne samo da ćete baštiniti kraljevstvo nebesko, nego ćete u njemu sijati poput sunca.

Ako pažljivo čitate Bibliju, vidjet ćete da neki ljudi koji tvrde da vjeruju u Boga ipak nisu spašeni. U Evanđelju po Mateju 25 čitamo usporedbu o deset djevica. Pet mudrih djevica, koje su pripremile ulje, bile su spašene, ali ostalih pet ludih djevica nisu mogle biti spašene.

Isto tako, Bog Vam u Bibliji jasno kazuje tko može, a tko ne može biti spašen, čak i ako svaki od njih možda tvrdi da vjeruje. I onda ćete znati kakav život morate živjeti da biste bili spašeni.

U Evanđelju po Mateju 7:21 jasno piše: *"Neće svaki koji mi govori: 'Gospodine, Gospodine!' ući u kraljevstvo nebesko, nego onaj koji vrši volju moga nebeskog Oca."* Ako Isusu kažete: 'Gospodine, Gospodine!', to znači da vjerujete da je Isus Krist. Međutim, nećete moći biti spašeni samo zazivanjem imena Gospodnjega i dolaženjem na nedjeljne mise.

Zlotvori ne mogu biti spašeni

Bog nam govori o Sudnjemu danu u Evanđelju po Mateju 13:40-42:

Kao što se ljulj skuplja i baca u oganj, tako će biti i na svršetku svijeta. Sin će Čovječji izaslati svoje anđele da pokupe iz njegova kraljevstva sve zavodnike i bezakonike te ih bace u ognjenu peć, gdje će biti plač i škrgut zuba.

Kada poljodjelac žanje, on skuplja žito u žitnicu, ali korov baca u oganj. Isto tako, Bog Vam govori da se oni koji nisu pravedni u Božjim očima moraju suočiti s kaznom.

"Sve što vodi na grijeh" odnosi se na sve one koji tvrde da vjeruju u Boga, ali stavljaju svoju braću i sestre po vjeri na kušnje i navode ih da izgube svoju vjeru. Dakle, nećete biti spašeni ako navodite ljude na grijeh i zla djela.

Pa što je, onda, zlo? U Prvoj Ivanovoj Poslanici 3:4 stoji: *"Tko god počinja grijeh, počinja bezakonje; grijeh je bezakonje."*

Baš kao što svaka država ima vlastiti skup zakona, i u kraljevstvu Božjem postoji duhovni zakon. Zakon duhovnog kraljevstva jest Riječ Božja zapisana u Bibliji. Tko god se ogriješi o Riječ Božju, biva osuđen, baš kao što i onaj tko prekrši zakon, biva progonjen po zakonu. Stoga, kršenje Riječi Božje je zlo i grijeh.

Božji se zakon ugrubo može podijeliti u četiri kategorije: "zapovijedi," "zabrane," "održavanja" i "odbacivanja." Budući da je Bog svjetlo, On svojoj djeci govori da čine što je pravo, da ne čine što je krivo, da održavaju dužnosti djece Božje i da odbace sve što Bog prezire jer On želi da Njegova djeca žive u svjetlu.

U Ponovljenom zakonu 10:12-13 Bog nas potiče: *"Dakle, Izraele, što od tebe traži Jahve, Bog tvoj? Samo to da se bojiš Jahve, Boga svoga; da po svim putovima njegovim hodiš; da ga ljubiš i služiš Jahvi, Bogu svome, svim srcem svojim i svom dušom svojom; da držiš Jahvine zapovijedi i njegove zakone što ti ih danas za tvoje dobro dajem."* S jedne strane, primit ćeš blagoslove ako Riječ Božju pretvoriš u djelo. S druge strane, primit ćeš vječnu smrt zbog zla i grijeha ako ne živiš po Njegovoj riječi.

U Poslanici Galaćanima 5:19-21 o djelima tijela govori se ovako:

> *Prepoznatljiva su djela tijela. To su: bludnost, nečistoća, raspuštenost, idolopoklonstvo, vračanje, neprijateljstva, svađa, ljubomora, srdžbe, sebičnosti, razdori, strančarenja, zavisti, pijanstva, razuzdane gozbe i tomu slično. Ponavljam što sam vam već prije kazao: oni koji čine takvo nešto, neće baštiniti kraljevstva Božjega.*

"Bludnost" se odnosi na sve vrste seksualne nečistoće i na ne ostajanje kreposnim, uključujući i seksualne odnose prije braka. "Nečistoća" ovdje znači razuzdana djela izvan zdravog razuma koja su rezultat grješne naravi.

"Raspuštenost" je kada uvijek slijedite svoju grješnu, seksualnu bludnost i živite kao preljubnici u riječi i djelu. "Idolopoklonstvo" je štovanje predmeta od zlata, srebra, bronce ili kojeg drugog materijala, ili kada ljubite bilo što više od samoga Boga.

"Vračanje" je poticanje drugih oštroumnim lažima. "Neprijateljstva" je kada želite uništiti druge u neprijateljstvu, suprotnosti ljubavi. "Svađa" se odnosi na borbu za traženje vlastite koristi i moći. "Ljubomora" znači mrziti nekoga jer mislite da je bolji od Vas. "Srdžbe" ne znače samo ljutnju, nego i nanošenje štete drugima zbog ekstremne ljutnje.

"Sebičnosti" se odnose na zasnivanje zasebne skupine ili ogranka i slijeđenje djela sotoninih zato što se ne slažete s drugima. "Strančarenja" znače zasnivanje zasebne stranke i slijeđenje vlastitih misli, a ne misli Duha Svetoga. "Razdori" se odnose na nijekanje Boga, Svetog Trojstva i Isusa, koji se utjelovio, prolio svoju krv da otkupi ljude i tako postao Krist.

"Zavisti" znače nanošenje štete nekomu ili poduzimanje štetnih djela protiv nekoga zbog ljubomore. "Pijanstva" su djela ispijanja alkohola, a "razuzdane gozbe" ne znače samo opijanje, ugađanje samome sebi i nedostatak kontrole, nego i neizvršenje vlastitih dužnosti na ispravan način kao supružnik ili roditelj.

Osim toga, "i tomu slično" znači da je veliki broj grješnih djela poput ovih i da oni koji vrše takva djela neće biti spašeni.

Grijesi koji vode u smrt i oni koji ne vode u smrt

Na ovom se svijetu "grijeh" smatra "grijehom" kad je rezultat tog grijeha očigledan i kada se fizička šteta nanesena drugoj strani može dokazati valjanim dokazima. Međutim, Bog, koji je svjetlo, govori nam da su grijeh ne samo grješna djela, nego i sva tama koja je protivna svjetlu.

Pa čak i ako ih ne pokazujete ili njima ne svjedočite, sve grješne želje u Vašem srcu, kao što su mržnja, zavist, ljubomora, požuda, osuđivanje drugih, proklinjanje, bezdušnost i nečastan um, zle su i također su grijesi.

I zato nam Bog govori: *"A ja vam kažem: Svatko tko pogleda ženu žudeći je, već je s njom učinio preljub u svom srcu"* (Evanđelje po Mateju 5:28) i *"Tko god mrzi svog brata, ubojica je; a znate da ni jedan ubojica nema života vječnoga, koji ostaje u njemu."* (Prva Ivanova Poslanica 3:15). Osim toga, u Poslanici Rimljanima 14:23 stoji: *"Ali, tko sumnja ako što pojede, osuđen je jer ne radi iz čvrsta uvjerenja. A sve što nije iz čvrsta uvjerenja, grijeh je,"* a u Jakovljevoj Poslanici 4:17 stoji: *"Onaj, dakle, koji može dobro činiti, a ne čini, griješi."* Stoga biste trebali shvatiti da je grijeh i bezakonje ne činiti ono što Bog želi i što Bog zapovijeda.

Međutim, hoće li svi ljudi umrijeti ako počine te grijehe? Morate shvatiti da, ako netko tko je prije lagao sada moli i pokušava postati čovjekom od istine, to znači živjeti u vjeri. Čak i ako još uvijek nisu odbacili sve nepoštenje u svojim srcima zbog svoje slabe vjere, nije istina da oni neće biti spašeni zbog tih grijeha.

Prva Ivanova poslanica 5:16-17 govori nam: *"Ako tko vidi svoga brata gdje čini grijeh koji ne vodi u smrt, neka moli, i Bog će mu dati život – onima koji počinjaju grijeh koji ne vodi u smrt. Postoji grijeh koji vodi u smrt; za nj ne naređujem da zamoli. Svaka je nepravda grijeh; ali postoji grijeh koji ne vodi u smrt."*

Grijesi se, općenito gledano, dijele u dvije kategorije: one koji vode u smrt i one koji ne vode u smrt. Oni koji počinjaju grijehe koji ne vode u smrt mogu biti spašeni ako ih ohrabrujete, molite za njih i pomažete im da se pokaju za svoje grijehe. Ali, ako netko počini grijeh koji vodi u smrt, on ne može biti spašen čak ni ako molite za njega.

Ljudi koje svi drže iskrenima ponekad lažu za vlastitu korist ili čine brojna djela obmane, čak i ako se tim djelima ne nanosi šteta drugima. Počinjete shvaćati da ste bili grješnici kada shvatite istinu iako ste mislili da vodite pravedan život prije nego što ste povjerovali u Boga. Bog Vam pokazuje ne samo grijehe koji se mogu vidjeti, nego i zle misli u Vašim srcima, od kojih su sve grijesi.

Sva su zlodjela grijesi, a plaća je grijeha smrt. Međutim, Isus Krist oprostio Vam je sve Vaše grijehe u prošlosti, sadašnjosti i budućnosti time što je prolio svoju krv na križu. Postoje grijesi koji mogu biti oprošteni po krvi Isusovoj kada se pokajete i prestanete ih činiti. To su grijesi koji ne vode u smrt.

Ali, ako se ne pokajete, nego samo nastavite griješiti, savjest će Vam otvrdnuti. A tada, vjerojatno, nećete moći primiti pokajnički duh ako počinite grijeh koji vodi u smrt. Dakle, Vaši grijesi ne mogu biti oprošteni, čak i ako se pokušate pokajati.

Pogledajmo sada ove tri vrste grijeha koji vode u smrt: pogrda protiv Duha Svetoga, opetovano podvrgavanje Sina Božjega javnoj sramoti i nastavljanje svjesnog počinjanja grijeha.

Pogrda protiv Duha Svetoga

Tri su sporne stvari u pogrdi protiv Duha Svetoga. Počinjate grijeh pogrde protiv Duha Svetoga kada govorite protiv Duha Svetoga, kada se protivite djelima Duha Svetoga i kada sramotite

Duha Svetoga.

Zato će se, kažem vam, svaki grijeh i pogrda oprostiti ljudima, ali pogrda protiv Duha neće se oprostiti nikada. Tko god rekne riječ protiv Sina Čovječjega, može mu se oprostiti, ali tko rekne protiv Duha Svetoga, ne može mu se oprostiti ni u ovom svijetu ni u budućemu. (Evanđelje po Mateju 12:31-32).

Tko god rekne izjavu protiv Sina Čovječjega, oprostit će mu se, ali tko izrekne pogrdu protiv Duha Svetoga, neće mu se oprostiti. (Evanđelje po Luki 12:10).

Kao prvo, "govoriti protiv drugih" znači klevetati ih i sprječavati njihovo djelovanje. **"Govoriti protiv Duha Svetoga"** znači pokušavati omesti ostvarivanje kraljevstva Božjeg sprječavanjem djela Duha Svetoga na temelju vlastite volje i misli. Primjerice, kad se protivite Božjem djelovanju jer ono nije u skladu s Vašim vlastitim mislima premda je to djelo Duha Svetoga, to znači govoriti protiv Duha Svetoga.

Ako nekog slugu Božjeg osudite kao krivovjernika, a on to zapravo nije, i ako tako spriječite djelo Duha Svetoga, to je strašan grijeh pred Bogom koji se ne može oprostiti. Stoga morate moći razlikovati duhove već prema istini.

Naravno da morate strogo opominjati ljude i da ne smijete dopustiti da se tako ponašaju ako oni nastoje nagovoriti druge da prime zle duhove ili ako su oni uistinu krivovjerni u Božjim očima. U Poslanici Titu 3:10 stoji: *"Krivovjerca se, poslije prve i druge opomene, kloni!"*

Danas mnogi neke crkve proglašavaju krivovjernima ili ih čak progone na mnoge načine, koje prihvaćaju Sveto Trojstvo i u kojima se očituju djela Duha Svetoga, jer ti ljudi ne znaju raspoznavati duhove. I premda oni tvrde da vjeruju u Boga, nemaju dovoljno biblijskoga znanja o krivovjerju. A katkad im nije poznata ni sama definicija krivovjerja.

U slučaju progona drugih uslijed nedostatka ispravnog znanja, ako se ljudi pokaju i prestanu griješiti, može im se oprostiti. Međutim, ako ometaju djela Božja sa zlim namjerama i zavišću čak i onda kada znaju da je to djelo Duha Svetoga, nikad im se neće moći oprostiti.

Primjer toga možete naći i u Bibliji. U Evanđelju po Marku 3, kad je Isus vršio čudesna znamenja i čuda, oni koji su Mu zavidjeli proširili su glasine da je lud. Te su se glasine toliko proširile da su članovi Njegove obitelji, koji su živjeli vrlo daleko, došli da Ga odvedu.

Pismoznanci i farizeji kritizirali su Isusa i govorili: *"A književnici koji bijahu sišli iz Jeruzalema govorili su da je opsjednut Belzebulom i da Poglavicom zlih duhova izgoni zle duhove'"* (Evanđelje po Marku 3:22). Oni su temeljito poznavali Riječ Božju. Vrlo su dobro poznavali zakon i podučavali ljude njemu, pa ipak su se protivili djelima Božjim zbog svoje ljubomore i zavisti prema Isusu.

Kao drugo, "protiviti se djelima Duha Svetoga" znači prkositi glasu Duha Svetoga danom od Boga ili osuđivati i proklinjati djela Duha Svetoga i pokušavati nanijeti štetu drugima.

Primjerice, govoriti protiv Duha Svetoga znači širiti glasine ili krivotvoriti dokumente ili osuđivati pastora ili crkvu kao "krivovjerne" kada se očituju djela Duha Svetoga s ciljem ometanja duhovne obnove ili okupljanja na molitvu.

Pa što, onda znači: "Tko god rekne izjavu protiv Sina Čovječjega, oprostit će mu se?" "Sin Čovječji" u ovom retku odnosi se na Isusa koji je sišao s neba kao čovjek prije nego što su Ga razapeli na križ.

Reći izjavu protiv Sina Čovječjega znači biti neposlušan Isusu, poznavati Ga i priznavati Ga samo kao osobu jer je sišao s neba kao čovjek. Nesposobnost priznavanja Isusa kao Spasitelja rezultat je nedostatka znanja. U tom će Vam slučaju biti oprošteno i moći ćete se spasiti samo ako se temeljito pokajete i priznate Gospodina.

Stoga, ako počinite ovu vrstu grijeha, a da Vam istina nije poznata ili prije nego što primite Duha Svetoga, Bog Vam uvijek iznova daje priliku da se pokajete i da Vam se oprosti.

Međutim, ako pokažete neposluh prema Gospodinu i ako Mu se protivite, a točno znate tko je Isus Krist, morate shvatiti da Vam se za to nikada neće moći oprostiti jer je to isto što i govoriti protiv Duha Svetoga i protiviti se djelima Duha Svetoga.

Kao treće, pogrda još znači i sramoćenje božanskoga, svetoga i čistoga. Pogrda protiv Duha Svetoga još znači i **sramoćenje *Duha Svetoga*,** Duha Božjega i Božjeg božanstva. Počinjate grijeh sramoćenja Božje vječne moći i božanstva ako klevećete djela Duha Svetoga, govoreći da su to djela sotonina, ili ako inzistirate na tome da je nešto djelo Duha Svetoga kada to nije tako. Isto tako, propovijedati istinu kao neistinu, tvrditi da je istina nešto što nije istina i osuđivati ono što je istina kao nešto što je lažno, sve je to "pogrda protiv Duha Svetoga."

U staro doba, ako bi koga uhvatili zbog riječi ili djela pogrde protiv kralja, smatrali bi ga izdajnikom i pogubili bi ga.

Ako počinjate grijeh pogrde protiv svetog božanstva Božjeg, koji je Svemoguć i koji se ne može usporediti ni s jednim kraljem ovoga svijeta, nikad Vam neće biti oprošteno.

Čak ni Isus, koji je u samoj svojoj biti bio Bog i koji je sišao u tijelu na ovaj svijet, nije nikoga osuđivao. Ako još uvijek osuđujete braću i sestre i ako, štoviše, sramotite djela Duha Svetoga, kakav bi strašan grijeh to bio! Ako ste, pak, bogobojazni, nikad se nećete usprotiviti Duhu Svetomu, govoriti protiv njega ili ga sramotiti.

Stoga morate shvatiti da Vam se ti grijesi nikada ne mogu oprostiti, ni u ovom svijetu ni u budućemu, i nikada ne biste smjeli počinjati te grijehe. No, čak i ako ste ranije počinjali te grijehe, trebali biste tražiti Božju milost i pokajati se od sveg srca.

Podvrgavanje Sina Božjega javnoj sramoti

Ako neprestance ponovno razapinjete Sina Božjega i podvrgavate Ga javnoj sramoti, taj grijeh vodi u smrt, kao što je opisano u Poslanici Hebrejima 6.

Zbilja je nemoguće one koji su jednom zauvijek prosvijetljeni, koji su okusili nebeski dar i koji su postali dionici Duha Svetoga, koji su okusili dobru riječ Božju i sile budućega svijeta, pa ipak otpali, opet obnoviti za obraćenje jer ponovno samima sebi na štetu razapinju Sina Božjega i čine ga ruglom. (Poslanica Hebrejima 6:4-6).

Neki ljudi zbog kušnji ovoga svijeta napuštaju crkvu i Boga i zapadaju u veliko sramoćenje Boga iako su primili Duha Svetoga, znaju da postoje raj i pakao i vjeruju u svijet istine. Kažemo da oni počinjaju grijeh ponovnog razapinjanja Sina Božjega i Njegova podvrgavanja javnoj sramoti. Takva osoba ne samo da počinja brojne grijehe upravljana sotonom, nego i niječe Boga i progoni i ponižava crkvu i vjernike.

Oni su svoju savjest već predali sotoni u ruke pa su njihova srca puna tame.

Stoga se oni uopće ne bi ni željeli obratiti, pa pokajnički duh ni ne silazi na njih. Oni nemaju nikakvu priliku za obraćenje te im se, stoga, nikada ne može oprostiti.

Juda Iškariotski počinio je taj grijeh. On je bio jedan od Isusove dvanaestorice učenika. Bio je svjedokom brojnih znamenja i čudesa, ali je postao pohlepan i prodao je Isusa za trideset srebrnjaka. Kasnije je bio izmučen svojom savješću i pun žaljenja, ali pokajnički duh nije sišao na Judu. Grijeh mu nije mogao biti oprošten i naposljetku je počinio samoubojstvo jer ga je krivnja uvelike proganjala (Evanđelje po Mateju 27:3-5).

Nastavljanje svjesnog počinjanja grijeha

Posljednja vrsta grijeha koja vodi u smrt jest nastavljanje svjesnog počinjanja grijeha nakon što upoznate istinu.

Ako, naime, drage volje griješimo pošto smo upoznali istinu, ne preostaje nam više žrtva za grijehe, nego neko strašno čekanje suda i bijesna vatra koja će progutati protivnike. (Poslanica Hebrejima 10:26-27).

"Nastaviti griješiti nakon što upoznate istinu" znači ponavljati bezakonja koja Bog ne oprašta. To također znači nastaviti griješiti, znajući da je to što činimo grijeh, baš kao: *"Njima se dogodilo što kaže istinita poslovica: 'Pas se povrati svojoj bljuvotini' i: 'Okupana svinja valjanju u blatu'."* (Druga Petrova Poslanica 2:22).

S jedne strane, kad je David, koji je toliko ljubio Boga, počinio preljub, to je dovelo do brojnih grijeha i navelo ga je da ubije jednog od svojih najodanijih vojnika. Međutim, kad je prorok Natan ukazao na njegov grijeh, kralj se David smjesta obratio.

S druge strane, kralj Šaul nastavio je griješiti čak i nakon što je prorok Samuel ukazao na njegove grijehe. David se obratio i primio Božje blagoslove, a Šaul je bio proklet jer se nije obratio nego je nastavio griješiti.

Osim toga, Balam je bio prorok koji je imao moć blagoslivljanja i proklinjanja, ali kad je pristao na ustupke ovome svijetu kako bi stekao bogatstvo i slavu, jadno je završio.

S jedne strane, Duh Sveti namjerno blijedi u srcima onih koji počinjaju grijehe jer Bog njima okreće leđa. A potom oni gube svoju vjeru i čine zla i kriva djela upravljani đavlom. Naposljetku će Duh Sveti u njima posve iščeznuti, a oni neće moći biti spašeni jer se ne mogu obratiti i njihova će se imena izbrisati iz knjige života (Otkrivenje 3:5).

S druge strane, ima ljudi koji nastavljaju griješiti jer samo intelektom poznaju Boga, ali ne vjeruju u Njega u svojim srcima. Njima se grijesi mogu oprostiti i oni se mogu dovesti na put spasenja ako se temeljito obrate svim svojim srcem i ako imaju pravu vjeru.

Stoga biste trebali znati da nećete biti spašeni kada namjerno počinjate grijehe i vršite djela grješne naravi, čak ni ako ste nekoć možda i bili prosvijetljeni, vjerovali u raj i pakao i doživjeli obilatu milost Božju.

Također se nadam da ćete u cijelosti razumjeti da su svi grijesi bezakonja i tama i da Bog na njih mrzi, čak i ako neki od njih ne vode u smrt. Molim Vas da budete mudar vjernik koji ne dopušta i ne počinja nikakvu vrstu grijeha.

Tijelo i krv Sina Čovječjega

Da biste živjeli zdravo, morate konzumirati odgovarajuću hranu i pića. Isto tako, da biste održavali svoj duh zdravim i zadobili život vječni, morate jesti tijelo i piti krv Sina Čovječjega.

A sad ćete naučiti što su to tijelo i krv Sina Čovječjega i zašto

morate jesti Njegovo tijelo i piti Njegovu krv kako biste zadobili
život vječni, i to na temelju sljedećeg teksta iz Evanđelja po Ivanu
6:53-55:

> *Isus im stoga odvrati: "Zaista, zaista, kažem vam, ako*
> *ne pojedete tijela Sina Čovječjega i ne popijete krvi*
> *njegove, nećete imati života u sebi. Tko jede tijelo moje i*
> *pije krv moju, ima život vječni. I ja ću ga uskrisiti u*
> *posljednji dan. Jer, tijelo je moje istinsko jelo, i krv je*
> *moja istinsko piće."*

Što je to tijelo Sina Čovječjega?

Isus nam u Bibliji govori o tajnama raja i o volji Božjoj u
mnogim usporedbama. Ljudima koji žive u ovom
trodimenzionalnom svijetu vrlo je teško razumjeti i spoznati
volju Božju, koji obitava u četverodimenzionalnom svijetu na
nebesima. Dakle, Isus je uspoređivao nebesko s neživim bićima,
biljkama, životinjama i živim bićima na ovome svijetu kako bi
nam pomogao da bolje razumijemo božansku volju.

I zato se Isus, Sin Jedinorođenac Božji, uspoređuje sa stijenom
i zvijezdom, koji su nedimenzionalni, s jednodimenzionalnom
vinovom lozom, s dvodimenzionalnim jaganjcem i s
trodimenzionalnim Sinom Čovječjim.

Isusa nazivaju Sinom Čovječjim, dakle, tijelo Sina Čovječjega
jest Isusovo tijelo.

Evanđelje po Ivanu 1:1 govori nam: *"U početku bijaše Riječ,*
i Riječ bijaše kod Boga, i Riječ bijaše Bog." U Evanđelju po

Ivanu 1:14 primjećuje se: *"I doista, Riječ čovjekom postade i nastani se među nama. I motrismo Slavu njegovu, Slavu koju ima od Oca kao Jedinorođenac, pun milosti i istine."*
Isus je taj koji je u tijelu sišao na ovaj svijet kao Riječ Božja. Stoga je tijelo Sina Čovječjega Riječ Božja, koji je sama istina, a jesti tijelo Sina Čovječjega znači shvatiti Riječ Božju u Bibliji.

Kako jesti tijelo Sina Čovječjega

U Knjizi Izlaska 12:5 i recima koji slijede Isus je opisan kao "živinče":

> *Živinče neka bude bez mane, od jedne godine i muško. Možete izabrati bilo janje bilo kozle. Čuvajte ga do četrnaestoga dana ovoga mjeseca. A onda neka ga sva izraelska zajednica zakolje kad se spusti suton. Neka uzmu krvi i poškrope oba dovratnika i nadvratnik kuće u kojoj se bude blagovalo.*

Općenito gledano, mnogi vjernici misle da se živinče odnosi na nove vjernike, ali ako pomno proučavate Bibliju, živinče je simbol Isusa.
Ivan Krstitelj je, ugledavši Isusa koji mu se približavao, rekao u Evanđelju po Ivanu 1:29: *"Evo Jaganjca Božjega koji uzima grijeh svijeta!"* A apostol Petar o Isusu je govorio kao o jaganjcu u Prvoj Petrovoj poslanici 1:18-19, kada je rekao: *"Znate da niste bili otkupljeni nečim prolaznim – srebrom ili zlatom – od ovoga ispraznog, od otaca baštinjenog načina života, nego*

skupocjenom krvi Krista kao nevina i bez mane Jaganjca."
Osim tih redaka, i u mnogim drugim recima Isus se uspoređuje s
jaganjcem.

Pa zašto se Isus u Bibliji uspoređuje s jaganjcem? Jaganjac je
najnježniji i najposlušniji od sve stoke. On prepoznaje glas
svojega pastira i pokorava mu se. Nitko drugi ne može prevariti
jaganjca, čak ni kad drugi pokušaju oponašati glas njegova
pastira. On daje bijelo i mekano runo, mlijeko, meso i sve
dijelove svojega tijela ljudima.

I baš kao što i jaganjac sve žrtvuje za čovječanstvo, tako je i
Isus savršeno bio poslušan volji Božjoj i sve žrtvovao za nas.

Isus je došao na ovaj svijet utjelovljen u čovjeka iako je On u
svojoj samoj biti Bog, propovijedao je nebesko evanđelje,
ozdravljao brojne bolesti i nemoći, i bio je razapet. Isus je dao sve
kako bi Vas otkupio od Vaših grijeha.

Isusa uspoređuju s jaganjcem jer su Njegove osobine i djela
nalik onima nježnoga janjeta, a jesti janje simbolizira jedenje
tijela Isusova, naime, tijela Sina Čovječjega.

Pa kako biste, onda, trebali jesti tijelo Sina Čovječjega?
Pogledajmo Knjigu Izlaska 12:9-10 koja nam daje sljedeće
upute:

Da ništa sirovo ili na vodi skuhano od njega niste jeli,
nego na vatri pečeno: s glavom, nogama i ponutricom.
Ništa od njega ne smijete ostaviti za sutradan: što bi
god do jutra ostalo, morate na vatri spaliti.

Kao prvo, ne smijete jesti Riječ Božju sirovu

Što to znači jesti tijelo Sina Čovječjega "sirovo?"

Općenito gledano, nije dobro jesti sirovo meso. Ako jedete sirovo meso, možete dobiti neki virus ili bakteriju i razboljeti se. Isto tako, Bog Vam govori da ne jedete ni Riječ Božju sirovu jer je takva ona štetna.

Riječ Božja zapisana je nadahnućem Duha Svetoga pa je morate čitati i ona Vam mora postati hranom uz nadahnuće Duha Svetoga.

Što ako Božju riječ tumačite doslovce? Vjerojatno biste tada pogrešno razumjeli Božje namjere. Stoga, jesti "Riječ Božju sirovu" znači tumačiti Bibliju doslovce.

Kao što stoji u Evanđelju po Ivanu 1:1: *"I Riječ bijaše Bog,"* Biblija sadržava Božje srce i volju i sve se ostvaruje prema toj Riječi.

Riječ Božja govori nam kako da dospijemo na nebo. Morate u cijelosti razumjeti Riječ Božju da biste zadobili život vječni. U protivnom, čovjek od mesa ne može ni vidjeti ni pojmiti duhovni svijet.

To je kao kada cvrčak ne zna da postoji nebo dok je još ličinka u zemlji. To je kao kada pile ne poznaje vanjski svijet dok je još u jajetu. To je kao kada novorođenče ne zna ništa o svijetu dok je još u majčinoj utrobi.

Isto tako, sve dok ste na ovom tjelesnom svijetu, ni Vi ne znate ništa o duhovnome svijetu.

Bog Vam govori da postoji drugi svijet onkraj ovog trodimenzionalnog svijeta. I baš kao što neizleglo pile mora probiti ljusku, tako i Vi morate slomiti svoje vlastite tjelesne misli kako biste razumjeli i ušli u duhovno kraljevstvo.

Primjerice, u Evanđelju po Mateju 6:6 stoji: *"A ti kad moliš, uđi u svoju sobu, zatvori vrata, te se pomoli Ocu svojemu u tajnosti, pa će ti platiti Otac tvoj, koji vidi u tajnosti."* Kad biste ovaj redak tumačili doslovce, uvijek biste se morali moliti u svojoj sobi. Međutim, ne možemo naći nijednog oca vjere koji je potajno molio u svojoj sobi.

Ni Isus nije molio u svojoj sobi, nego u gori tijekom noći (Evanđelje po Luki 6:12), a na samotnom mjestu rano ujutro (Evanđelje po Marku 1:35).

Osim toga, Daniel se molio tri puta na dan dok su mu prozori bili otvoreni prema Jeruzalemu (Daniel 6:10), a apostol Petar molio je na krovu kuće (Djela Apostolska 10:9).

Pa što, onda, znači kad Isus kaže: "Uđi u svoju sobu, zatvori vrata, te se pomoli?"

Ovdje "svoja soba" duhovno simbolizira nečije srce. Dakle, ulazak u svoju sobu znači napuštanje svojih misli i poniranje duboko u svoje srce, baš kao što biste napustili dnevni boravak ili spavaću sobu kako biste ušli u svoju sobu. Tek se tada možete moliti cijelim svojim srcem.

Kada uđete u svoju sobu, izolirani ste od vanjskoga svijeta. Isto tako, kada molite, morate blokirati sve bespotrebne misli, brige i zabrinutosti i moliti cijelim svojim srcem.

Stoga, ne smijete jesti tijelo Sina Čovječjega sirovo. Ne biste smjeli doslovce tumačiti Riječ Božju. To jest, trebali biste tumačiti Riječ Božju duhovno, uz nadahnuće Duha Svetoga.

Kao drugo, ne jedite Riječ Božju skuhanu na vodi

Što to znači "Ne jedite meso na vodi skuhano?" To znači da Riječi Božjoj ne smijemo ništa dodavati, nego je jesti samu.

Nije u redu propovijedati Riječ Božju i uplitati u nju politiku, priče iz društva ili dodatke o slavnim ili povijesnim osobama.

Bog, koji je stvorio nebo i zemlju i koji vlada životom i smrću, blagoslovom i prokletstvom čovječanstva, je svemoguć i ništa Mu ne nedostaje.

U Prvoj Poslanici Korinćanima 1:25 stoji: *"Jer, Božja je ludost mudrija od ljudi i Božja je slabost jača od ljudi."* To je zapisano kako biste shvatili da se čak ni najmudriji ljudi ni najizvrsnije osobe ne mogu uspoređivati s Bogom.

Nije dovoljan jedan ljudski vijek da se propovijeda o svemu što je obuhvaćeno Biblijom. Pa kako se, onda, usuđujete pomiješati riječi ljudi s Riječju Božjom kada propovijedate?

Riječi ljudi mijenjaju se s vremenom. Čak i ako u njima i ima neke istine, te su istine sve već izrečene u Bibliji, i to s Božjom mudrošću.

Stoga bi Vaš prvi prioritet trebala biti čista Riječ Božja pri podučavanju Biblije. Naravno da možete dati neke usporedbe ili ilustracije kako bi ljudi lakše razumjeli Riječ Božju i tajne duhovnoga svijeta.

No, trebate shvatiti da je samo Riječ Božja vječna i da je samo ona savršena i kompletna istina koja Vas vodi u život vječni. Dakle, ne biste smjeli jesti Njegovu riječ skuhanu na vodi.

Kao treće, morate jesti Riječ Božju na vatri pečenu

Što to znači "na vatri pečeno: s glavom, nogama i ponutricom" (Knjiga Izlaska 12:9)? To znači da bi Vam Riječ Božja, tijelo Sina Čovječjega, trebala postati duhovnom hranom u cijelosti, a da ništa ne ispustite.

Primjerice, neki sumnjaju u činjenicu da je Mojsije razdvojio Crveno more. Drugi, pak, čak ni ne pokušavaju čitati Levitski zakonik jer je vrlo teško razumjeti žrtve iz Staroga zavjeta. Drugi, pak, kažu da je teško povjerovati u čudesa koja je Isus činio i misle da su se ta čudesa mogla zbivati samo prije 2.000 godina. Oni ispuštaju mnogo toga, što se ne uklapa u ljudski način razmišljanja i pokušavaju izvući samo moralne pouke.

Ne nastoje čak ni zapamtiti riječi poput "Ljubi svojega neprijatelja" ili "Kloni se svake vrste zla" jer im se čini da je vrlo teško biti poslušan tim riječima. Bi li bilo moguće da se oni spase?

Stoga, ne biste smjeli uzimati samo ono što želite iz Biblije poput budalastih ljudi. Trebali biste jesti sve riječi u Bibliji u cijelosti, na vatri pečene, od Knjige Postanka do Otkrivenja.

Pa što to, onda, znači jesti Riječ Božju "na vatri pečenu?" Vatra se ovdje odnosi na oganj Duha Svetoga. Trebali biste biti napunjeni i nadahnuti Duhom Svetim kada čitate i slušate riječ Božju jer je ona i zapisana nadahnućem Duha Svetoga. U protivnom, to je samo znanje, a ne duhovna hrana.

Da biste jeli Riječ Božju na vatri pečenu, morate se usrdno moliti. Molitve su kao ulje koja pomaže da postanete izvorom punine Duha Svetoga. Ako jedete Riječ Božju nadahnućem Duha Svetoga, ona je slađa od meda. A neće Vam nikada biti ni dosadno, čak ni ako je propovijed vrlo duga, jer je Riječ Božja toliko dragocjena i Vi je volite slušati, baš kao što žedni jelen traži vodu.

To znači jesti Riječ Božju na vatri pečenu. Samo ćete tako razumjeti Riječ Božju, od nje napraviti sebi duhovnu hranu i piće i shvatiti i slijediti volju Božju. Na taj način dajete život duhu po Duhu Svetomu, umnažate svoju vjeru i obnavljate izgubljenu sliku Božju spoznavanjem ukupne dužnosti čovjekove.

Međutim, oni koji jedu Riječ Božju opterećeni vlastitim mislima, a da je nisu ispekli na vatri, imaju osjećaj da je Riječ Božja dosadna i ne mogu je se sjetiti jer je slušaju dok misle kojekakve misli. Oni ne mogu ni duhovno rasti niti zadobiti istinski život.

Kao četvrto, ne smijete Riječ Božju ostaviti za sutradan

Što to znači "Ništa od njega ne smijete ostaviti za sutradan: što bi god do jutra ostalo, morate na vatri spaliti?"

To znači da biste trebali jesti tijelo Sina Čovječjega, Riječ Božju, tijekom noći. Svijet u kojemu upravo živite mračan je svijet kojim vlada đavao, a duhovno se može izraziti kao noć ili noćno doba. Kad naš Gospodin ponovno dođe, nestat će sve tame i sve će se obnoviti; bit će jutro, svijet svjetla.

Stoga, "ništa od njega ne smijete ostaviti za sutradan" znači da biste trebali naučiti Riječ Božju kako biste se pripremili kao nevjesta našeg Gospodina prije Njegova drugog dolaska.

Osim toga, bez obzira je li se približio drugi dolazak Gospodinov, živite svega sedamdeset ili osamdeset godina i ne znate kad ćete se sresti s Gospodinom. Sve dok se ne sretnete s Gospodinom, rastete duhovno u onoj mjeri u kojoj jedete tijelo i pijete krv Sina Čovječjega. Dakle, trebali biste revno učiti Riječ Božju i duhovno rasti.

Ako imate vjeru otaca neprestanim poticanjem rasta svojega duha, dobit ćete slavu poput blistavog sunca u blizini prijestolja Božjega u Njegovu kraljevstvu jer ste spoznali Boga koji je od početka vremena, njegujete devet darova Duha Svetoga i blaženstva i nalik ste slici Božjoj.

Piti krv Sina Čovječjega

Da biste se održali na životu, morate jesti hranu, ali i piti vodu. Ako ne pijete vodu, hrana se ne može probaviti i umrijet ćete. Kad se hrana spusti u želudac izmiješana s vodom, ona se probavlja, apsorbiraju se hranjivi sastojci, a izbacuje se otpad.

Isto tako, kad jedete tijelo Sina Čovječjega, ako ne pijete i krv Sina Čovječjega, ne možete ga probaviti. Stoga, život vječni možete zadobiti samo ako jedete tijelo Sina Čovječjega i ako ujedno pijete i krv Sina Čovječjega.

"Piti krv Sina Čovječjega" znači pretvarati Riječ Božju u djela vjerom. Nakon što poslušate Riječ Božju, vrlo je važno djelovati u skladu s njom, a to je vjera. Ako ne djelujete u skladu s Riječi Božjom nakon što ste je poslušali i spoznali, nema nikakve koristi da je više slušate.

Baš kao što se apsorbiraju hranjivi sastojci i kao što se izbacuje otpad kada probavljate hranu, tako se apsorbira i Riječ Božja, istina, a neistina se izbacuje kada djelujete u skladu s Riječi Božjom kako biste pročistili svoja uprljana srca.

Pa što su, onda, "apsorbirana istina" i "izbačena neistina"? Recimo da ste poslušali Riječ Božju "Ne mrzite, nego ljubite jedni druge." Ako od te riječi napravite svoju hranu i ako djelujete u skladu s njom, apsorbira se hranjivi sastojak zvani ljubav, a izbacuje se otpad zvani mržnja. Srce Vam se automatski čisti i postaje istinitije izbacivanjem prljavih i umrljanih misli.

Djeluj u skladu s Riječi Božjom nakon što je poslušaš

Međutim, ako ne djelujete u skladu s Riječi Božjom, ne pijete krv Sina Čovječjega. Stoga je Riječ Božja samo dio znanja u glavi, a Vi ne možete biti spašeni ako ne djelujete u skladu s njom.

Piti krv Sina Čovječjega, djelovati u skladu s Riječi Božjom, to se ne može učiniti pukim ljudskim trudom. Morate imati i volju i uložiti trud da biste djelovali u skladu s Njegovom Riječi, a onda ćete primiti Božju milost, snagu i pomoć Duha Svetoga usrdnim molitvama.

Da se vlastitim snagama možete riješiti svojega grijeha, Isusa ne bi bili morali razapeti, a Bog ne bi bio morao poslati Duha Svetoga.

Isus Krist razapet je za oproštenje Vaših grijeha jer Vi sami ne možete riješiti problem grijeha, a Bog je poslao Duha Svetoga da Vam pomogne da pretvorite svoje prljavo srce u čisto srce.

Duh Sveti, Duh Božji, pomaži djeci Božjoj da žive u istini i pravednosti. Stoga, uz pomoć Duha Svetoga, djeca Božja trebala bi živjeti u skladu s Riječi Božjom, kloneći se grijeha, i primiti Božju ljubav i blagoslov.

Oproštenje samo ako hodite u svjetlu

Kad kažete da jedete tijelo i pijete krv Sina Čovječjega, to znači da djelujete u svjetlu s skladu s Riječi Božjom. Pa na kakvo se to, onda, djelovanje odnosi? Morate se ponašati u svjetlu. Ostavljate tamu i djelujete u svjetlu kada jedete tijelo Sina Čovječjega, kada ga probavite i kad Vam srce postane istinito. Kada djelujete u svjetlu, krv Gospodinova čisti Vaše grijehe iz prošlosti, sadašnjosti i budućnosti.

Čak ako i imate grijeha koji još uvijek nisu uklonjeni, kad se pokajete pred Bogom cijelim svojim srcem, mogu Vam se oprostiti grijesi milošću Božjom. Oni koji istinski vjeruju u Boga i pokušavaju ostvariti pravednost u svojim srcima, više nisu grješnici nego pravednici, i mogu biti spašeni i zadobiti život vječni.

Bog je svjetlo

U Prvoj Ivanovoj poslanici 1:5 stoji: *"A ovo je poruka koju smo čuli od njega i koju vam navješćujemo: Bog je svjetlo i nikakve tame nema u njemu."*

Apostola Ivana, koji je napisao Prvu Ivanovu poslanicu, podučavao je izravno Isus, koji je došao na ovaj svijet i postao svjetlo ovoga svijeta i put k Bogu.

Dakle, u Evanđelju po Ivanu 1:4-5 o Isusu stoji ovako: *"U njoj bijaše život, i život bijaše svjetlo ljudima. I svjetlo svijetli u tami, i tama ga ne obuze."* Isus je i sam izjavio: *"Ja sam Put, i Istina, i Život. Nitko ne dolazi k Ocu osim po meni."* (Evanđelje po Ivanu 14:6).

Stoga su Isusovi učenici bili svjedocima činjenici da "Bog je svjetlo" putem Isusa, a poruka koju su vam navijestili jest: "Bog je svjetlo."

Duhovno značenje svjetla je istina

Pa što je, onda, "svjetlo?" Duhovno gledano, svjetlo je istina, a istina je suprotnost tami.

Bog nam u Poslanici Efežanima 5:8 govori: *"Da, nekoć ste bili tama, ali ste sada postali svjetlo, po Gospodinu. Živite kao djeca svjetla!"* Oni koji slušaju poruku da "Bog je svjetlo" i koji nauče istinu od Boga, mogu blještati i osvjetljavati ovaj svijet, baš kao što i svjetlo tjera tamu.

Djeca svjetla koja djeluju u skladu s istinom daju plodove svjetla. I zato u Poslanici Efežanima 5:9 stoji: *"Jer, plod je svjetla svaka dobrota, pravednost i istina!"* Duhovna ljubav opisana u Prvoj poslanici Korinćanima 13 i darovi Duha Svetoga, kao što su ljubav, radost, mir, strpljivost, ljubaznost, dobrota, vjernost, blagost i samokontrola plodovi su svjetla.

Stoga se svjetlo odnosi na sve riječi istine o dobroti,

pravednosti i ljubavi, kao što su "ljubite jedni druge, molite se, poštujte Dan Gospodnji, poštujte Deset zapovijedi" koje Vam Bog govori u Bibliji.

Duhovno značenje tame je grijeh

Tama se odnosi na stanje u kojemu nema svjetla i, duhovno gledano, ona je grijeh.

Takvo je sve neistinito, što je suprotnost istini, kao što je zapisano u Poslanici Rimljanima 1:28-29: *"Budući da su odbili priznati Boga, Bog ih je predao pokvarenu mišljenju da bi činili što je nedolično: pune svakojake nepravednosti, pokvarenosti, lakomosti, zloće; pune zavisti, ubojstva, svađe, lukavštine, podmuklosti."* Sve je to tama.

Biblija Vam govori da se klonite svega što pripada tami, kao što su krađa, ubojstvo, preljub i svaka vrsta zla.

S druge strane, neki tvrde da su djeca Božja, čak i ako ne poštuju ono što im Bog zapovijeda da čine ili da poštuju, nego čine ono što im Bog govori da ne čine ili da se toga klone. Tom tamom vlada neprijateljski đavao i sotona i ona pripada ovome svijetu tako da se nikada ne može udružiti sa svjetlom. I zato oni koji djeluju u tami, mrze svjetlo i žive daleko od njega.

S druge strane, prava djeca Božja, koji je svjetlo i u kojemu nema tame, trebala bi se kloniti tame i djelovati u svjetlu. Tek ćete tada moći razgovarati s Bogom i tek će tada sve u Vašemu životu krenuti nabolje.

Dokaz zajedništva s Bogom

Obično između roditelja i njihove djece postoji vrlo blisko zajedništvo utemeljeno na ljubavi. Isto tako, očigledno je Vama, koji vjerujete u Isusa Krista, da ste u zajedništvu s Bogom koji je Otac Vašega duha (Prva Ivanova poslanica 1:3).

Zajedništvo ovdje ne znači samo da jedno poznaje drugo, nego da se međusobno dobro poznajete. Ne možete reći da ste u zajedništvu s predsjednikom države, čak ni ako znate mnogo toga o njemu. Isto je tako s Vašim zajedništvom s Bogom. Da biste bili u pravom zajedništvu s Bogom, trebate Ga poznavati podjednako dobro kao što On poznaje i priznaje Vas.

U Prvoj Ivanovoj Poslanici 1:6-7 stoji: *"Kad god reknemo da smo u zajedništvu s njim, a živimo u tami, lažemo i ne vršimo istine. Ali, kad god u svjetlu živimo, kao što je on u svjetlu, u zajedništvu smo jedni s drugima, i krv nas njegova Sina, Isusa, čisti od svakoga grijeha."*

To znači da ste u zajedništvu s Bogom samo kad se riješite grijeha i djelujete u svjetlu. Ako kažete da ste u zajedništvu s Bogom dok još uvijek djelujete i živite u tami, lažete.

Biti u zajedništvu s Bogom znači biti u duhovnom i istinskom zajedništvu, a ne samo biti u nebožanstvenom zajedništvu i poznavati Ga samo znanjem u glavi. Vi sami morate biti svjetlo da biste bili u zajedništvu s Bogom jer je On svjetlo. Duh Sveti, Božje srce, jasno Vas uči volji Božjoj u toj mjeri da možete ostati u istini kako biste s Bogom mogli voditi dublje razgovore dok čitate Riječ Božju i dok se molite.

Ako hodite u tami

Lažete ako tvrdite da ste u zajedništvu s Bogom, a hodite u tami, počinjajući grijehe. Tada ne hodite u istini i naposljetku ćete poći putem smrti.

U Prvoj knjizi o Samuelu 2 sinovi svećenika Elija činili su zlo i počinjali grijehe. On ih je bio trebao kazniti, ali Eli ih je samo opomenuo: "Zašto to činite? Ne biste to smjeli činiti."

Na kraju je na njih sišla Božja srdžba. Dvojica sinova svećenika Elija poginuše u bitki, a svećenik Eli pade sa stolice nauznak kraj vrata, slomi vrat i umrije. Srdžba Božja pala je i na njegove potomke (Prva knjiga o Samuelu 2:27-36, 4:11-22).

Stoga, kao što stoji u Poslanici Efežanima 5:11-13: *"I nemojte imati ništa zajedničko s djelima tame, nego ih, naprotiv, otkrivajte! Jer, sramotno je čak govoriti o onome što oni potajno čine. Sve što je otkriveno, svjetlo rasvjetljuje; jer, sve je rasvijetljeno svjetlo."*

Ako netko tvrdi da je u zajedništvu s Bogom, ali ne hodi u svjetlu, trebali biste ga savjetovati s ljubavlju. Ako on opet ne uđe u svjetlo, trebali biste ga opomenuti kako biste ga odveli na put svjetla da ne bi otišao putem smrti.

Oproštenje ako se hodi u svjetlu

U ovome svijetu postoje zakoni i ako ih netko prekrši, on biva kažnjen, već prema težini svoga djela. Međutim, on ne može ništa protiv osjećaja krivnje u svojoj savjesti jer je šteta već počinjena, čak i ako plati za ono što je učinio krivo i bude kažnjen.

Isto tako, još uvijek u srcima imate grješnu narav, čak i ako priznate Isusa Krista, ako Vam se oproste grijesi i ako Vas proglase pravednikom. Stoga Vam Bog zapovijeda da obrežete svoje srce kako se ne biste osjećali krivima, čak ni u svojoj savjesti.

Kao što stoji u Jeremiji 4:4: *"Obrežite se Jahvi, skinite obrezak sa srca svojega, Judejci i Jeruzalemci, jer će bijes moj buknuti kao vatra i gorjet će, a nikog da ugasi, zbog zlodjela i opačina što ih počiniste,"* obrezati srce znači skinuti obrezak sa srca svojega.

Skinuti obrezak sa srca svojega znači slijediti ono što Bog govori u Bibliji, kao što su: "zapovijedi," "zabrane," "održavanja" ili "odbacivanja." Drugim riječima, to znači kloniti se svega što je protiv Riječi Božje, kao što su neistine, zlodjela, nepravedna djela, bezakonja i tama, i očistiti svoje srca i napuniti ga istinom.

Stoga morate revno od Riječi Božje praviti sebi hranu, apsorbirati hranjive sastojke djelujući u skladu s njom i izbaciti otpad zlodjela i neistine koji pripadaju tami. Kada obrežete srce svoje, možete duhovno rasti.

A kad postanete čovjek od duha i istine, koji izbacuje grijehe i zlodjela kao otpad, bit ćete u zajedništvu s Bogom. Tek tada krv Isusa Krista može očistiti Vaše grijehe jer ste u zajedništvu s Bogom.

Stoga, ne samo da biste trebali priznati Isusa Krista i proglasiti se pravednikom, nego biste se trebali i preobraziti u pravog pravednika tako što ćete jesti tijelo, piti krv Sina

Čovječjega i obrezati svoje srce.

Vjera popraćena djelima je prava vjera

Na svoje iznenađenje, vidite mnoge koji ne razumiju pravo značenje vjere. Neki kažu: "Zašto jednostavno ne ideš u crkvu? Još uvijek možeš tako biti spašen."

Ako slušate Riječ Božju i poznajete je, ali ne djelujete u skladu s njom, ta je vjera samo znanje u Vašoj glavi, a ne prava vjera. Tako ne možete biti spašeni. Kakvu vjeru Bog priznaje? Kako možete biti spašeni vjerom?

Iskreno pokajanje zahtijeva da se klonite grijeha

U prvoj Ivanovoj Poslanici 1:8-9 stoji: *"Kad god reknemo da grijeha nemamo, sami sebe varamo, i u nama nema istine. Kad god priznajemo svoje grijehe, vjeran je on i pravedan, tako da nam oprosti grijehe i očisti nas od svakoga bezakonja."*

Što to, onda, znači priznavati svoje grijehe?

Pretpostavimo da Vam Bog kaže: "Ako ideš na istok, doći ćeš na put života vječnoga i moje volje, dakle, idi na istok." No, ako samo nastavite ići na zapad i kažete: "Bože, trebao bih ići na istok, ali ja idem na zapad, molim te oprosti mi," to ne znači da ste priznali svoje grijehe. To ne znači da vjerujete u Boga i da Ga se bojite, nego prije da Mu se rugate. Iskreno pokajanje postiže se ne samo ako priznajete svoje grijehe ustima, nego i ako se klonite grijeha u cijelosti u svojim djelima. Tek tada Bog to prihvaća kao pokajanje i daje Vam oproštenje.

Baš kao što ćete zacijelo umrijeti ako ne jedete nikakvu hranu iako znate da morate jesti da biste živjeli, isto tako Vas krv Gospodnja ne čisti ako samo priznajete svoje grijehe ustima i ako ih se ne klonite.

Vjera bez djela mrtva je vjera

U Jakovljevoj Poslanici 2:22 stoji: *"Vidiš da su u njega vjera i djela surađivali i da je vjera djelima bila usavršena."* U retku 26 stoji dalje zapisano: *"Jer, kao što je tijelo mrtvo bez duha, tako je i vjera mrtva bez djela."*

Mnogi idu u crkvu jer su čuli za raj i pakao. Međutim, budući da oni ne vjeruju zapravo u tu činjenicu u svojim srcima, vjeru ne prate djela.

To je samo vjera u vidu znanja i mrtva vjera.

Osim toga, ako ustima priznajete da vjerujete, ali još uvijek živite u grijehu, kako možete reći da vjerujete? Biblija nam govori da je grijeh počinjen svjesno gori od grijeha počinjenog nesvjesno.

Kada priznajete: "Vjerujem" bez ikakvih djela, možete misliti da vjerujete, ali Bog to ne priznaje kao pravu vjeru.

Izraelci koji su izišli iz Egipta doživjeli su brojna djela Božja. Bog je razdijelio Crveno more, davao im manu i prepelice i štitio ih oblacima danju i ognjem noću.

Međutim, kad im je Bog zapovjedio da uđu u zemlju

kanaansku, samo su Jošua i Kaleb povjerovali u Riječ i moć Božju. Kao rezultat toga, oni Izraelci koji ne poslušaše Boga jer im vjera nije bila dovoljno jaka da uđu u zemlju kanaansku, bili su na kušnjama četrdeset dana u pustinji i naposljetku su ondje i umrli.

Morate shvatiti da nema nikakve koristi ako ne vjerujete ili ne djelujete u skladu s Riječi Božjom, čak i ako svjedočite i doživite brojna djela Božja. Vjeru prate djela.

Samo oni koji vrše Zakon bit će priznati pravednima

Bog nam u Poslanici Rimljanima 2:13 govori: *"Nisu, naime, pred Bogom pravedni oni koji slušaju Zakon, nego će oni biti priznati pravednima koji vrše Zakon."*

Niste pravedni samo ako dolazite na misu i slušate propovijedi. Bit ćete priznati pravednima samo kad Vam se neistinito srce preobrazi u istinito kada budete djelovali u skladu s Riječi Božjom.

Neki kažu da možete biti spašeni samo ako Isusa Krista zazivate "Gospodine" svojim ustima, što je pogrešno tumačenje Poslanice Rimljanima 10:13: *"Doista, tko god zazove Ime Gospodnje, bit će spašen."* Ipak, to je posve pogrešno. Kao što stoji u Izaiji 34:16: *"Istražujte u knjizi Jahvinoj i čitajte, nijedno od tog ne izosta, jer usta njegova tako naređiše, i duh njegov njih sakupi,"* iz Riječi Božje ne smije se ništa izostaviti i ona postaje savršenom tek kad se tumači u svojoj cjelovitosti.

U Poslanici Rimljanima 10:9-10 stoji: *"Ako, naime, ustima*

svojim priznaš: "Isus je Gospodin," a u srcu svojemu povjeruješ: "Bog ga je uskrisio od mrtvih," bit ćeš spašen. Tko, naime, srcem vjeruje, a ustima priznaje, postići će pravednost i spasenje."

Samo oni koji istinski vjeruju u svojim srcima da je Isus uskrsnuo, mogu to priznavati svojim ustima jer žive u skladu s Riječi Božjom. Oni će biti spašeni kada to priznaju s istinskom vjerom i postajat će sve pravedniji, ali oni koji to ne priznaju s tom vjerom, ne mogu biti spašeni.

I zato nam Isus u Evanđelju po Mateju 13:49-50 govori: *"Tako će biti na svršetku svijeta: izići će anđeli, odijelit će zle od pravednih i baciti ih u ognjenu peć, gdje će biti plač i škrgut zuba."*

Ovdje se "pravedni" odnose na sve one koji priznaju Boga i koji tvrde da vjeruju. "Odijelit će zle od pravednih" znači da oni koji ne djeluju u skladu s Riječi Božjom ne mogu biti spašeni, čak ni ako dolaze u crkvu i žive kršćanskim životom.

Bog uistinu želi da obrežete svoja srca

Bog želi da Njegova djeca budu sveta i savršena. I zato nam On u Prvoj Petrovoj poslanici 1:15 govori: *"Nego kao što je svet onaj koji vas je pozvao da sami budete sveti u svemu življenju!"* i u Evanđelju po Mateju 5:48: *"Budite, dakle, savršeni tako kako je savršen Otac vaš nebeski!"*

U doba Staroga zavjeta ljudi su bivali spašeni po djelima kao simbol onoga što će doći, ali u doba Novoga zavjeta, kada je Isus Krist vršio Zakon s ljubavlju, bivate spašeni po vjeri.

"Biti spašen po djelima Zakona" znači da čak, primjerice, ni ako Vam je srce toliko prljavo da ubijate, mrzite, počinjate preljub, lažete i tako dalje, to se ne smatra grijehom, osim ako to ne provedete u djelo.

Bog nije osuđivao ljude, osim ako oni ne bi činili zlodjela jer se nisu sami uspijevali kloniti grijeha bez pomoći Duha Svetoga u doba Staroga zavjeta. Međutim, u doba Novoga zavjeta bivate spašeni tek kada obrežete svoje srce u vjeri uz pomoć Duha Svetoga jer je Duh Sveti sišao na Vas. Duh Sveti Vam posvješćuje razliku između grijeha i pravednosti, i Sudnjega dana, te Vam omogućuje da živite u skladu s Riječi Božjom. Stoga se možete riješiti neistine i obrezati svoje srce uz pomoć Duha Svetoga.

Morate shvatiti da Bog uistinu od Vas traži da obrežete svoje srce, da se riješite grijeha, da budete sveti i da sudjelujete u božanskoj prirodi. Apostol Pavao poznavao je tu volju Božju i učio je ljude kako da obrezuju svoja srca, ne izvana, na tijelu (Poslanica Rimljanima 2:28-29). On Vam je savjetovao da se u borbi protiv grijeha oduprete do krvi, očiju uprtih u Isusa, koji je usavršio Vašu vjeru (Poslanica Hebrejima 12:1-4).

Nadam se da ćete zadobiti pravu vjeru popraćenu djelima kada shvatite da ne možete ući u raj samo ako zazovete: "Gospodine, Gospodine," nego jedino ako hodite u svjetlu i obrežete svoje srce.

9. Poglavlje

RODITI SE OD VODE I DUHA SVETOGA

- Nikodem dolazi k Isusu
- Isus pomaže Nikodemovu duhovnom
  razumijevanju
- Kad se rodimo od vode
  i Duha Svetoga
- Troje što svjedoči: Duh, voda i krv

Bijaše neki farizej imenom Nikodem, član židovskog Velikog vijeća. On noću dođe k Isusu te mu reče: "Rabbi, znamo da si od Boga došao kao učitelj, jer nitko ne može činit znamenja koja ti činiš ako Bog nije s njim." Odgovori mu Isus: "Zaista, zaista, kažem ti, ako se tko ne rodi odozgo, ne može vidjeti kraljevstva Božjega." Odvrati mu Nikodem: "Kako se može netko, kad je već star, roditi? Zar može po drugi put ući u utrobu majke svoje i roditi se?" Odgovori mu Isus: "Zaista, zaista, kažem ti, ako se tko ne rodi od vode i Duha Svetoga, ne može ući u kraljevstvo nebesko."

Evanđelje po Ivanu 3 :1-5

Bog je poslao Isusa Krista, svoga Jedinorođenca, i otvorio put spasenju. Tko god Ga prizna, dobit će pravo da postane djetetom Božjim i da uživa u blagoslovljenom i vječnom životu sada i u vijeke vjekova. Međutim, danas vidimo da mnogi nemaju takvo pouzdanje u spasenje iako su primili Isusa Krista. Štoviše, neki tvrde da su primili spasenje, ali im nedostaje vjere da budu spašeni, drugi, pak, tvrde da su spašeni jer su jednom primili Duha Svetoga, ali nakon toga ne mare za svoja djela.

Hajde da zaključimo poruku križa, hajde da razjasnimo kako zadobiti savršeno spasenje od trenutka u kojemu primite Isusa Krista putem pripovijesti o Nikodemu.

Nikodem dolazi k Isusu

U Isusovo doba farizeji su poštovali Mojsijev zakon i nastavili održavati tradiciju starješina. To su bili religijski vođe iz redova odabranih Izraelaca koji su vjerovali u Božju vlast, uskrsnuće, anđele, Sudnji dan i dolazak Mesije.

No, ipak ih je Isus često opominjao govoreći: "Jao vama, farizeji." Oni su se, kao licemjeri, drugima činili svetima izvana, ali unutra su bili puni pohlepe i samoudovoljavanja poput obijeljenih grobova (Evanđelje po Mateju 23:25-36).

Nikodemovo srce bijaše dobro

Nikodem je bio jedan od farizeja iz židovskog Velikog vijeća zvanog Sanhedrin. Međutim, on nije progonio Isusa za razliku od drugih farizeja. Umjesto toga, on je vjerovao da je Isus došao od Boga kad je vidio čudesa i znamenja koja je činio Isus. Nikodem je želio znati tko je Isus jer mu srce bijaše dobro.

U Evanđelju po Ivanu 7:51 Nikodem pita farizeje koji su htjeli uhititi Isusa, braneći Ga: *"Zar naš Zakon osuđuje nekoga ako se prije ne sasluša i ne dozna što je učinio?"*

Mora biti da nije bilo baš jednostavno tako govoriti kao član Sanhedrina u to doba. Čak i danas, ako vlada zakonom zabrani ili ometa kršćanstvo, dužnosnici ne smiju stati na stranu kršćanstva. Isto tako, u to su doba Izraelci sve ostale religije osim judaizma smatrali krivima. Nikodem je znao da ga mogu izopćiti ako stane na Isusovu stranu.

Pa ipak, Nikodem je branio Isusa. Dokazao je da je istinoljubiv i da je njegova vjera u Isusa čvrsta.

U Evanđelju po Ivanu 19:39-40 vidimo prizor koji je uslijedio odmah nakon Isusove smrti na križu:

> *Dođe i Nikodem – to je onaj koji je prvi put k Isusu došao po noći – noseći smjesu od oko sto litara smirne i aloje. Tada uzeše Isusovo tijelo te ga, kako je u Židova običaj pokopati, obviše povojima s mirodijama.*

Dakle, Nikodem je vjerovao da je Isus Božji čovjek, služio je Isusu bez rezerve čak i nakon Njegova raspeća i zadobio je spasenje po vjeri u Njegovo uskrsnuće.

Nikodem dolazi k Isusu

U Evanđelju po Ivanu 3 imamo razgovor između Isusa i Nikodema prije negoli je potonji razumio istinu duhom.

Jedne je noći Nikodem došao k Isusu i priznao: *"On noću dođe k Isusu te mu reče: 'Rabbi, znamo da si od Boga došao kao učitelj, jer nitko ne može činiti znamenja koja ti činiš ako Bog nije s njim'."* (redak 2).

U početku Nikodem nije znao da je Isus Mesija i Sin Božji. Međutim, nakon što je svjedočio Isusovim čudesima, Nikodem je shvatio i priznao da je Isus poslan od Boga jer mu je savjest bila čista. U svojoj čistoj savjesti on je znao da samo Svemogući Bog može uskrisivati od mrtvih, dati da slijepi progledaju, da hromi ustaju i da gubavci ozdravljaju.

Pa zašto je, onda, on došao k Isusu po noći? Bio je poput onih koji ne žele ići u crkvu javno jer nemaju povjerenja u Boga Stvoritelja.

Premda je Nikodemovo srce bilo dobro, on ipak nije imao pravu vjeru. Nije imao povjerenja u Isus kao Sina Božjega i Mesiju pa nije posjetio Isusa danju, javno – učinio je to noću.

Isus pomaže Nikodemovu duhovnom razumijevanju

Isus je rekao Nikodemu: *"Odgovori mu Isus: 'Zaista, zaista, kažem ti, ako se tko ne rodi odozgo, ne može vidjeti kraljevstva Božjega'."* (Evanđelje po Ivanu 3:3).

Međutim, Nikodem to nikako nije mogao shvatiti. Potom je ponovno upitao: "Kako se može netko, kad je već star, roditi?" Nije imao duhovnu vjeru pa se čudio: "Starac umire i vraća se u prah, pa kako se može ponovno roditi?"

Tada mu je Isus govorio o rođenju od vode i Duha Svetoga: *"Zaista, zaista, kažem ti, ako se tko ne rodi od vode i Duha Svetoga, ne može ući u kraljevstvo nebesko. Što je rođeno od tijela, tijelo je; što je rođeno od Duha, duh je."* (reci 5-6).

Kad je Nikodem pokazao znatiželju za ono što mu je Isus govorio, Isus mu je to objasnio u usporedbi: *"Vjetar puše gdje god hoće. Čuješ mu šum, ali ne znaš odakle dolazi ni kamo ide. Tako je sa svakim koji je rođen od Duha."* (redak 8).

Nakon Adamova neposluha umro je duh svakoga čovjeka i svatko poslije toga bio je osuđen na smrt. Međutim, čovjekov duh oživljava nakon što se rodi od Duha Svetoga. Kako čovjek postaje sve duhovnijim, tako je on sve više na sliku Božju i biva spašen. Ali, Nikodem nije razumio što je Isus htio reći (redak 9).

Pa je upitao: "Kako to može biti?" Isus mu odgovori:

Ako mi ne vjerujete kad vam kazah zemaljske stvari, kako ćete mi vjerovati kad vam kažem nebeske? Nitko nije uzišao na nebo osim Sina Čovječjega, koji je sišao s neba. Kao što je Mojsije podigao zmiju u pustinji, tako mora biti podignut Sin Čovječji, da svatko tko vjeruje, u njemu ima život vječni. (reci 12-15).

U Knjizi brojeva 21:4-9 Izraelci izvedeni iz Egipta govorili su protiv Mojsija jer im je postajalo sve teže podnositi putovanje u zemlju kanaansku. A onda je Bog odvratio svoje lice od njih i poslao zmije otrovnice da ih ujedaju.

I dok su vapili za pomoći, Bog je naredio Mojsiju da načini brončanu zmiju i da je stavi na štap. Bog je spasio sve koji su pogledali u nju, ali su tvrdoglavi umrli jer nisu marili čak ni za to da je u nevjerici pogledaju.

Duhovno razumjeti Riječ Božju

Zašto je Bog zapovjedio Mojsiju da načini zmiju od bronce i da je stavi na štap? Iz Knjige Postanka 3:14 znamo da je zmija prokleta. Osim toga, u Poslanici Galaćanima 3:13 stoji: *"Proklet svaki koji je obješen na drvo!"*

Stoga, stavljanje brončane zmije na štap simbolizira da će Isus biti razapet na drvenom križu poput proklete zmije kako bi Vas otkupio. Osim toga, baš kao što je preživio svaki koji je pogledao u brončanu zmiju, tako biva spašen svaki koji vjeruje u Isusa Krista.

Nikodem nije mogao razumjeti značenje Riječi Božje jer još uvijek nije bio rođen od vode i Duha Svetoga, a njegove duhovne oči još uvijek nisu bile otvorene.

Čak ni danas, osim ako niste rođeni od vode i Duha Svetoga i ako Vam nisu otvorene duhovne oči, ne možete razumjeti značenje te duhovne poruke jer je moguće da biste je shvatili doslovce i tako pogrešno razumjeli.

Morate se usrdno moliti da biste shvatili duhovno značenje

Riječi Božje nadahnućem Duha Svetoga. Tek će tada Bog milosti otvoriti Vaša srca i moći ćete razumjeti Riječ Božju i imat ćete pravu vjeru.

Kad se rodimo od vode i Duha Svetoga

Kad je Nikodem došao k Isusu noću, Isus mu je rekao: *"Zaista, zaista, kažem ti, ako se tko ne rodi od vode i Duha Svetoga, ne može ući u kraljevstvo nebesko. Što je rođeno od tijela, tijelo je; što je rođeno od Duha, duh je"* (Evanđelje po Ivanu 3:5-6).

Hajde da razjasnimo značenje rođenja od vode i Duha Svetoga. Kako se možete ponovno roditi od vode i Duha Svetoga i zadobiti spasenje?

Voda je simbol vode života vječnoga

Voda Vam ublažava žeđ i podmazuje unutarnje organe u tijelu. Ona također i čisti Vaše tijelo, kako izvana tako i iznutra.

Tako je i Isus usporedio vodu života vječnoga s običnom vodom kako bi objasnio da Vas ona čisti i da Vam daje život.

U Evanđelju po Ivanu 4:14 Isus nam govori: *"A tko pije vode koju ću mu ja dati, doista neće nikad ožednjeti. Štoviše, voda koju ću mu dati postat će u njemu izvorom vode što izbija u život vječni."*

Ako pijete vodu, neko vrijeme niste žedni, ali na koncu ipak ponovno ožednite. Voda u Svetom pismu znači vječnu vodu.

Tko god pije vode koju će mu Isus dati, neće nikad ožednjeti. Naime, "izvor vode što izbija u život vječni" daje Vam život.

U Evanđelju po Ivanu 6:54-55 stoji: *"Tko jede tijelo moje i pije krv moju, ima život vječni. I ja ću ga uskrisiti u posljednji dan. Jer, tijelo je moje istinsko jelo, i krv je moja istinsko piće."* To jest, Isusovo tijelo i Njegova krv jesu vječna voda.

Štoviše, Njegovo "tijelo" odnosi se na Riječ iz Biblije jer je Isus Riječ koja se utjelovila na ovome svijetu. Jesti Njegovo tijelo odnosi se na održavanje Njegove Riječi u svom umu čitanjem Biblije.

Krv Isusova je život, a život je istina. Istina je Krist, a Krist je snaga Božja. Sve je to krv Isusova. Budući da snaga Božja dolazi s vjerom, piti krv Isusovu znači slušati Njegovu Riječ u vjeri.

Naučili ste da voda duhovno simbolizira Isusovo tijelo – to je Riječ Božja i Riječ Jaganjca Božjeg. I baš kao što voda čisti Vaše tijelo, i Riječ Božja ispire sve što je prljavo iz Vašega srca.

I zato se krstite vodom u crkvi, a krštenje simbolizira da ste dijete Božje i da su Vam oprošteni grijesi. Nadalje, to znači da biste trebali meditirati o Riječi Božjoj i pustiti da Vas ona čisti svaki dan.

Ponovno rođen od vode

Pa kako, onda, možete isprati sve što je prljavo iz svojega srca Riječju Božjom koja je vječna voda?

Četiri su vrste zapovijedi koje nam Bog daje: "zapovijedi," "zabrane," "održavanja" i "odbacivanja." Primjerice, Bog Vam govori da ne činite stvari poput zavisti, mržnje, osuđivanja, krađe, preljuba i ubojstva.

Isto tako, ne biste smjeli činiti ono što je zabranjeno te biste ujedno trebali odbaciti sve vrste zlodjela. Također biste trebali poštovati Dan Gospodnji, navještati evanđelje, moliti se i ljubiti jedni druge. Srce će Vam se onda postupno napuniti istinom uz pomoć Duha Svetoga, a Riječ Božja isprat će Vašu nepravednost i grijehe. Na taj način možete obrezati svoje srce i preobraziti ga u istinu djelovanjem u skladu s Riječi Božjom, a to znači "roditi se od vode."

Stoga, da biste primili spasenje u cijelosti, ne samo da biste trebali priznati Isusa, nego biste trebali i obrezati svoje srce poštivanjem Riječi Božje u svakom trenutku svojega života.

Ponovno se roditi od Duha Svetoga

Da biste primili spasenje, trebali biste se roditi od vode i Duha Svetoga. Kako se možete roditi od Duha Svetoga? U Djelima apostolskim 19:2 apostol Pavao upitao je neke učenike: *"Jeste li primili Duha Svetoga kad ste postali vjernici?"* Što to znači primiti Duha Svetoga?

Prvi čovjek Adam sastojao se od "duha," "duše" i "tijela" (Prva poslanica Solunjanima 5:23), ali mu je duh umro kao rezultat neposluha. Potom je on postao bićem što nije bolje od zvijeri sačinjene od duše i tijela (Propovjednik 3:18).

Ako se pokajete za svoje grijehe, priznate se grješnikom, Bog Vam na dar daje Duha Svetoga i kao znak da ste dijete Božje (Djela apostolska 2: 38).

Sva djeca Božja, koja prime Duha Svetoga, mogu razlikovati dobro od zla po Riječi Božjoj i živjeti u skladu s Riječi Božjom po snazi i moći iz nebesa putem svoje usrdne i neprestane molitve.

Na taj se način preobražujete u istinu i imate duhovnu vjeru u onoj mjeri u kojoj dajete život duhu putem Duha Svetoga. U Evanđelju po Ivanu 3:6 stoji: *"Što je rođeno od tijela, tijelo je; što je rođeno od Duha, duh je,"* a u Evanđelju po Ivanu 6:63 primjećuje se: *"Duh oživljuje, a tijelo nije ništa. Riječi koje sam vam ja rekao jesu duh i život."*

Postati čovjekom od duha slijeđenjem Duha Svetoga

Kad se rodite od vode i Duha Svetoga, dobivate domovinu u nebesima (Poslanica Filipljanima 3:20). Kao dijete Božje, idete na misna slavlja, radosno Ga štujete i nastojite živjeti u svjetlu.

Prije nego što ste primili Duha Svetoga, živjeli ste u tami jer niste znali istinu. Međutim, nakon što primite Duha Svetoga, pokušavate živjeti u svjetlu.

Kako vrijeme prolazi, shvatite da se, iako Vam je radost u srcu, neprestance borite unutar sebe. Razlog tomu je taj što se zakon duha koji slijedi želje Duha Svetoga bori protiv zakona grješne naravi koji slijedi želje grješna čovjeka, požudu očiju i oholost zbog imetka (Prva Ivanova Poslanica 2:16).

Apostol Pavao govorio je o toj borbi: *"Jer, s obzirom na unutarnjeg čovjeka, radosno pristajem uza zakon Božji, ali vidim drugi zakon u svojim udovima koji se bori protiv zakona moga uma te me drži zasužnjenim u zakonu grijeha koji je u mojim udovima. Jadan ti sam ja čovjek! Tko će me izbaviti od ovoga smrti podložnoga tijela?"* (Poslanica Rimljanima 7:22-24).

Kad se rodite od vode i Duha Svetoga, upravo ste postali djetetom Božjim. Ali, to ne znači da ste duhovno savršena osoba.

Zato u Poslanici Galaćanima 5:16-17 stoji: *"Zato velim: živite po Duhu pa doista nećete ispunjati požude tijela. Jer, požuda se tijela upravlja protiv duha, a požuda duha protiv tijela. Da, upravo ti se protive jedno drugomu te niste kadri činiti ono što hoćete."*

Da biste slijedili Duha Svetoga, trebali biste živjeti u skladu s Riječi Božjom i činiti volju prihvatljivu i milu Bogu. Dakle, ako slijedite želje Duha, nećete doći u iskušenje i uspjet ćete pobijediti neprijateljskog đavla i sotonu koji Vas iskušavaju da slijedite želje grješne naravi. Možete živjeti po vjeri i posvetiti se vjerno kraljevstvu Božjem i Njegovoj pravednosti.

Kada slijedite želje Duha Svetoga, radosni ste i smireni. Međutim, bit ćete jadni i opterećeni ako slijedite želje grješne naravi.

Kako Vaša vjera bude sazrijevala, moći ćete odbaciti svoje grijehe i slijediti želje Duha Svetoga u svemu. Nestat će želja u Vama koje žele slijediti grješnu narav. Štoviše, više se nećete morati boriti da odbacite grijehe i da budete opet jadni. Moći ćete uvijek biti radosni u svim okolnostima.

Bogu su mili oni koji žive po željama Duha. On im ispunjava želje srca, baš kao što je i obećao u Psalmima 37:4: *"Sva radost tvoja neka bude Jahve: on će ispuniti želje tvoga srca!"*

Ako srce preobrazite u srce napunjeno samo istinom, Bogu

ćete biti vrlo mili i sve će Vam učiniti mogućim. Nadam se da ćete se roditi od vode i Duha Svetoga i da ćete živjeti u skladu sa željama Duha.

Troje što svjedoči: Duh, voda i krv

Kao što sam već objasnio, trebate se roditi od vode i Duha Svetoga da biste bili spašeni. Međutim, da biste primili puno spasenje, morate se očistiti od grijeha krvlju Isusovom živeći u svjetlu.

Ako Vam srce nije pročišćeno, još uvijek imate grijeha. Stoga Vam je potrebna krv Isusa Krista da se očistite od preostalih grijeha.

O ovome nam je u Prvoj Ivanovoj poslanici 5:5-8 rečeno sljedeće:

> *Tko je pobjednik svijeta, ako nije onaj koji vjeruje da je Isus Sin Božji? To je onaj koji je došao vodom i krvlju: Isus Krist, ne samo vodom, nego vodom i krvlju. I Duh je onaj koji svjedoči, jer je Duh istina. Ima troje što svjedoči: Duh, voda i krv; i to je troje jedno.*

Isus dolazi vodom i krvlju

U Evanđelju po Ivanu 1:1 stoji: *"I Riječ bijaše Bog,"* a u Evanđelju po Ivanu 1:14: *"I doista, Riječ čovjekom postade i nastani se među nama. I motrismo Slavu njegovu, Slavu koju ima od Oca kao Jedinorođenac, pun milosti i istine."* To jest, Isus, Božji Jedinorođenac i sama Riječ Božja, utjelovio se na ovoj zemlji kako bi nam oprostio grijehe naše. Čak i danas nas On i dalje pročišćuje Riječju Božjom - Biblijom.

Međutim, ne možete živjeti u skladu s Riječi Božjom bez pomoći Duha Svetoga. Nemoguće je odbaciti grijehe vlastitim snagama. Trebate primiti pomoć Duha Svetoga usrdnom molitvom kako biste mogli ukloniti želje grješne naravi, požudu očiju i oholost zbog imetka. Tek tada ćete moći otjerati tamu neistine iz svojega srca.

Osim toga, za oproštenje Vam je potrebno prolijevanje krvi. U Poslanici Hebrejima 9:22 stoji: *"I po Zakonu se gotovo sve čisti krvlju. I bez prolijevanja krvi nema oproštenja."* Potrebna Vam je Isusova krv jer Vam samo Njegova nevina i bez prijekora krv daje oproštenje.

Morate vjerovati u Isusa koji je došao vodom i krvlju i primiti Duha Svetoga na dar od Boga da biste zadobili spasenje, za koje Vam je potrebno sljedeće troje: Duh, voda i krv.

Ako nema prolijevanja krvi, nema ni oproštenja i još uvijek ste u grijehu. Nije Vam potrebna samo Riječ – voda – da biste se pročistili, nego i Duh Sveti da bi Vam pomogao da živite u cijelosti u skladu s tom Riječi. Dakle, to je troje jedno.

Stoga bismo, nakon što nam se oproste grijesi kada priznamo Isusa Krista, trebali biti rođeni i od vode i od Duha Svetoga kako bismo zadobili savršeno spasenje, shvaćajući činjenicu da nas jedino trojstvo Duha, vode i krvi zajedno spašava i vodi u raj.

10. Poglavlje

ŠTO JE KRIVOVJERJE?

- Biblijska definicija krivovjerja
- Duh istine i duh zablude

A bilo je i lažnih proroka u narodu, kao što će i među vama biti krivih učitelja. Oni će kradom unositi pogubna krivovjerja i nijekati Gospodina koji ih je otkupio i navlačiti na se brzu propast. Mnogi će skrenuti za njihovim razvratnostima; zbog njih će put istine doći na zao glas. Iz lakomosti iskorištavat će vas varavim riječima. Njihova osuda već odavno nije besposlena i njihova propast ne drijema.

Druga Petrova poslanica 2 :1-3

Kako se razvijala materijalistička civilizacija, ljudi su počeli nijekati Boga jer ovise o svojoj mudrosti i znanju. Kako su se grijesi širili, duh ljudski postao je taman i ljudi su se iskvarili. Stoga se mnoge ljude obmanjuje lažima jer ne znaju razlikovati što je istinito od onoga što je neistinito. Također čine grešku osuđivanja drugih na temelju vlastitog znanja i teorija.

U Evanđelju po Mateju 12:22-32 Isus je ozdravio opsjednuta čovjeka koji bijaše slijep i nijem. Međutim, kad su farizeji to čuli, rekli su: *"Ovaj izgoni zle duhove samo Belzebulom, poglavicom zlih duhova."* (redak 24). Smatrali su da je Božje djelo izvršio zloduh.

Isus im u Evanđelju po Mateju 12:31-32 kaže: *"Zato će se, kažem vam, svaki grijeh i pogrda oprostiti ljudima, ali pogrda protiv Duha neće se oprostiti nikada. Tko god rekne riječ protiv Sina Čovječjega, može mu se oprostiti, ali tko rekne protiv Duha Svetoga, ne može mu se oprostiti ni u ovom svijetu ni u budućemu."*

Farizeji su zaključili da je ono što je Isus učinio moći Božjom bilo djelo zloduha. To je pogrda protiv Duha Svetoga. Stoga se tim farizejima nikada ne može oprostiti.

Ako jasno razlikujete istinu od laži prema Bibliji, nećete osuđivati druge niti ćete biti obmanuti lažima.

Hajde da malo dublje razmislimo o "krivovjerju" s Božjeg stajališta, kako razlikovati Božji Duh i zle duhove, i o nekim krivovjernim sljedbama s kojima morate biti oprezni.

Biblijska definicija krivovjerja

U rječniku Oxford dictionary "krivovjerje" je definirano kao "vjerovanje ili mišljenje koje se protivi načelima određene religije." Neki samo ono u što oni vjeruju smatraju ispravnim, a sve druge religije smatraju krivovjerjima. Primjerice, za budista budizam je jedini istiniti i ispravni put. Za njih druge religije, poput konfucijanizma, nisu istinite.

Pavao, optužen kao kolovođa krivovjerne sljedbe

U Djelima apostolskim 24:5 stoji: *"Iznađosmo, naime, da je ovaj čovjek kuga, da izaziva prepirke među Židovima po svem svijetu i da je kolovođa nazarejske sljedbe."* Ovdje se "nazarejska sljedba" odnosi na "krivovjernu sljedbu," i to je prvi put da se riječ "krivovjerni" pojavljuje u Bibliji.

Židovi su optužili Pavla pred upraviteljem jer su smatrali da je evanđelje koje je Pavao propovijedao krivovjerno. Pavao je opovrgnuo optužbe i priznao svoju vjeru, kao što je i zapisano u Djelima apostolskim 24:13-16.

Niti ti uopće mogu dokazati ono za što me sada optužuju. Ali ovo ti priznajem: prema Putu koji oni nazivlju sljedbom, služim Bogu otaca svojih vjerujući u sve što stoji pisano u Zakonu i Prorocima. Imam istu nadu u Boga, koju imaju i oni sami, da će biti uskrsnuće pravednih i nepravednih. Zbog toga se i sam trudim da stalno imam čistu savjest s obzirom na Boga i ljude.

Je li apostol Pavao uistinu bio krivovjernik?

Trebali biste potražiti definiciju krivovjerja u Bibliji jer je Biblija Riječ Božja, jedinog istinskog Bića koje može razlikovati istinu od laži. Pojam koji se odnosi na "krivovjernu sljedbu" pojavljuje se pet puta u Bibliji. Međutim, o samoj definiciji krivovjerja raspravlja se samo jedanput:

A bilo je i lažnih proroka u narodu, kao što će i među vama biti krivih učitelja. Oni će kradom unositi pogubna krivovjerja i nijekati Gospodina koji ih je otkupio i navlačiti na se brzu propast. (Druga Petrova poslanica 2:1).

"Gospodin koji ih je otkupio" odnosi se na Isusa Krista. Čovjek je u početku pripadao Bogu i živio po Njegovoj volji. Međutim, nakon neposluha Adam postao je grješnikom koji pripada đavlu. Međutim, Bog se smilovao ljudima koji su bili na putu u smrt. Bog je poslao Isusa, svojeg Jedinorođenca, kao žrtvu pomirnicu i dopustio da Ga razapnu kako bi On mogao otvoriti put spasenja svojom krvlju.

Bog je radio u korist nas, koji smo jednom pripadali đavlu,

kako bi nam se oprostili grijesi ako povjerujemo u Isusa Krista. Također smo primili i život i ponovno pripali Bogu. I zato možemo reći da nas je Isus otkupio svojim raspećem, a i Biblija nam govori da je Isus "Gospodin koji ih je otkupio."

Krivovjerni niječu Isusa Krista

Sada znate da se "krivovjeran" odnosi na "one koji niječu Gospodina koji ih je otkupio i navlače na se brzu propast" (Druga Petrova poslanica 2:1). Taj se pojam nikada nije koristio dok Isus nije završio svoje poslanje kao Spasitelj. Ime "Isus" znači "[onaj koji] će spasiti svoje ljude od grijeha njihovih." "Krist" znači "Pomazanik." Isus je postao Spasiteljem tek nakon što je izvršio svoje poslanje – da bude razapet i da uskrsne.

I zato ni ne možete pronaći taj pojam ni u Starom zavjetu ni u Evanđeljima po Mateju, Marku, Luki i Ivanu, u kojima je zapisan Isusov život. Čak ni farizeji, učitelji Zakona, ni svećenici koji su progonili Isusa nisu se koristili tim pojmom. Niti su se njime koristili veliki svećenici.

Tek nakon što je Isus uskrsnuo da izvrši svoje poslanje kao Krist, pojavili su se "oni koji niječu Gospodina koji ih je otkupio." I tek nas otada Biblija počinje upozoravati na te krivovjernike.

Stoga, ako ljudi vjeruju u Isusa Krista kao u "Gospodina koji ih je otkupio," oni nisu krivovjerni. Međutim, ako Ga niječu, krivovjerni su.

Apostol Pavao nije niekao Isusa Krista koji ga je otkupio svojom dragocjenom krvlju. Umjesto toga, Pavao je zahvaljivao

Isusu Kristu kojega je navješćivao kamo god bi pošao, a Pavla su zbog toga i progonili i morao je platiti visoku cijenu. Pet je puta od Židova primio četrdeset udaraca bičem minus jedan. Jedanput su ga kamenovali. Bio je u zatvoru, progonili su ga i pogani i Židovi, a izdali su ga oni kojima je vjerovao. No, unatoč svemu tomu, Pavao je postao silno moćan čovjek jer je prevladao sve te patnje s radošću i zahvalnošću i slavio Boga ozdravljajući brojne u ime Isusa Krista sve dok nije umro mučeničkom smrću.

Pavao je naviještao evanđelje pokazujući snagu Božju

Trebate znati da snagu Božju ne mogu očitovati oni koji niječu Boga Stvoritelja i Isusa Krista koji je u svojoj biti Bog jer u Bibliji eksplicitno stoji: *"Bog je rekao jedno, a ja dvoje čuo: 'U Boga je snaga!"* (Psalmi 62:12).

Ne smijete osuđivati onoga koji očituje snagu Božju jer ta snaga dokazuje da je Bog s njim i da Ga ta osoba mnogo ljubi. U Poslanici Galaćanima 1:6-8 Pavao, koji je prozvan kolovođom nazarejske sljedbe, strogo upozorava ljude da ne slijede i ne navješćuju nikakve druge radosne vijesti osim poruke križa:

Čudim se da se tako brzo od onoga koji vas je pozvao Kristovom milošću odmećete u neku drugu "radosnu vijest." Te druge zbilja nema! Ima samo nekih ljudi koji vas zbunjuju i koji žele izvrnuti Kristovu Radosnu vijest. Ali, ako bi vam tko – bili to mi, bio anđeo s neba – navijestio radosnu vijest protiv one koju smo vam navijestili, neka je proklet!

Čak i danas neke smatraju krivovjernima iako oni nikada ne niječu Isusa Krista, nego samo navješćuju Kristovu radosnu vijest i proslavljaju živog Boga očitujući Njegovu snagu i djelujući s njom.

Ne osuđujte nasumce druge kao krivovjerne

I sam sam pretrpio i podnio niz kušnji kad su me optužili za krivovjerje jer sam očitovao snagu Božju, a moja je crkva sve više rasla. Zapravo, veličina kongregacije narasla je na više od 120.000 članova u manje od tri desetljeća otkako je crkva zasnovana 1982.

Sedam sam godina bolovao od mnogih bolesti, a ozdravio sam odjednom, snagom Božjom. Onda sam pokušavao živjeti samo Bogu na slavu, bilo da sam jeo ili pio, baš kao i apostol Pavao. Povjerio sam svoj život Bogu u ruke i usredotočio se samo na: "Samo Isus, uvijek Isus."

Još otkako sam bio laik, pokušavao sam svjedočiti da me je Bog ozdravio i navješćati evanđelje. Nakon što sam pozvan u službu Božju, propovijedao sam poruku križa i proslavljao živog Boga i Isusa Spasitelja. O Bogu sam svjedočio čak i kad bih sklapao vjenčanja jer sam nestrpljivo želio što više ljudi dovesti na put spasenja.

Shvatio sam da su i snažna Riječ Božja i dokaz živoga Boga potrebni da se svjedoči o Gospodinu na ovome svijetu. Pa sam usrdno molio, baš kao i oci vjere, da primim snagu Božju i prošao sam sve kušnje na koje sam stavljen, sa zahvalnošću i radošću.

Ponekad sam bivao stavljen i na smrtonosne kušnje. Međutim, baš kao što je i Isus primio slavu uskrsnuća nakon svoje nevine smrti, tako je i Bog umnožio moju snagu po svojoj volji kad god bih savladao neku kušnju, jednu po jednu.

Kao rezultat toga, svaki put kad bih svjedočio o tome zašto je Bog jedini pravi Bog i zašto bivate spašeni kada vjerujete u Isusa Krista, i to diljem svijeta – u Keniji, Ugandi, Hondurasu, Japanu, pa čak i u pretežno muslimanskom Pakistanu i dominantno hinduističkoj zemlji Indiji – još od 2000., pokajalo bi se na desetke tisuća ljudi, slijepima je vraćen vid, nijemi su progovorili, gluhi su ponovno čuli, a ozdravljane su i neizlječive bolesti poput AIDS-a i raznih tumora. Tim se čudesima naveliko proslavlja Bog.

Stoga, onaj koji u cijelosti razumije što je to krivovjerje, ne osuđuje nemarno druge kao krivovjernike. U Djelima apostolskim 5:33-42 čitamo o Gamalielu, učitelju Zakona, poštovanom od svega naroda. Kako je on postupio?

U to su vrijeme farizeji iz Sanhedrina zabranili Petru i Ivanu da svjedoče o Isusu Kristu, ali oni su bili napunjeni Duhom Svetim i nisu poslušali Veliko vijeće. Dakle, članovi Sanhedrina željeli su smaknuti te apostole. No, Gamaliel je ustao u Sanhedrinu i zapovjedio da te ljude malo izvedu. Potom im se obratio:

Izraelci! Budite na oprezu što ćete učiniti u pogledu tih ljudi! Prije ovih dana diže se Teuda, govoreći da je on velik čovjek, i uza nj pristade oko četiri stotine ljudi. On bi smaknut, a svi koji pristadoše uza nj biše raspršeni te postadoše ništa. Poslije njega, u vrijeme popisa pučanstva, diže se Juda Galilejac i povuče mnogo naroda za sobom. I on poginu, a svi koji pristadoše uza nj biše raspršeni. A s obzirom na ovo sada, velim vam: prođite se tih ljudi i pustite ih! Jer, ako njihov pothvat, ili bolje, njihova stvar, potječe od ljudi, propast će, a ako potječe zbilja od Boga, nećete ga moći uništiti. Pustite ih da se ne pokažete čak kao Božji protivnici! (Djela apostolska 5:35-39).

Kao što vidimo u ovome odlomku, shvatit ćete da, ako čudesno djelo nije od Boga, propast će na kraju čak i ako nitko ništa ne poduzme da ga zaustavi. Ali, ako se protivi djelima ili ometaju djela koja su od Boga, neće ih moći uništiti. Umjesto toga, njihov trud nije ništa drukčiji od borbe protiv Boga i On će ih podvrgnuti svojoj kazni i sudu.

Ponekad neki osuđuju druge kao krivovjerne zbog razlika u tumačenju Biblije, viđenja Duha Svetoga, pa čak i govorenja u jezicima premda svi priznaju Sveto Trojstvo i utjelovljenje Isusa Krista.

Neki čak kažu da im nije potreban dar govorenja jezicima ili viđenja, a da su ta djela Duha Svetoga pogrešna jer nigdje nije zapisano da je Isus govorio u jezicima ili imao viđenja. Međutim, Biblija nam govori da su oni dobri za nas:

Svakomu se daruje objava Duha na zajedničku korist.

Jer, jednomu Duh daruje govor mudrosti, drugome govor znanja po istome Duhu; jednomu se daje vjera u istome Duhu, drugome milosni dar ozdravljenja u jednom te istom Duhu; jednomu moć čudesa, drugome proročki dar; jednomu sposobnost razlikovanja duhova, drugome različite vrste jezika. A sve to čini jedan te isti Duh koji to razdjeljuje svakome ponaosob kako hoće. (Prva poslanica Korinćanima 12:7-11).

Kao posljedica toga, ne biste smjeli klevetati ni osuđivati one koji imaju različite darove Duha Svetoga kao krivovjerne samo zato što ih Vi sami nemate.

Duh istine i duh zablude

U Drugoj Petrovoj poslanici 2:1-3 nalazimo objašnjenje krivovjerja. Biblija Vas upozorava na lažne proroke i učitelje koji kradom unose pogubna krivovjerja. *"Mnogi će skrenuti za njihovim razvratnostima; zbog njih će put istine doći na zao glas. Iz lakomosti iskorištavat će vas varavim riječima. Njihova osuda već odavno nije besposlena i njihova propast ne drijema"* (Druga Petrova Poslanica 2:2-3). I u Prvoj Ivanovoj Poslanici 4:1-3 stoji: *"Ljubljeni, nemojte vjerovati svakome duhu, već duhove ispitujte da vidite jesu li zbilja od Boga; jer mnogi su lažni proroci izišli u svijet. Po ovome prepoznajete Duha Božjega: svaki duh koji priznaje Isusa Krista koji je došao u tijelu, od Boga je; svaki duh koji ne priznaje Isusa, nije od Boga. To je duh Antikrista, o kome ste čuli da dolazi.* "

Ispitujte duhove da vidite jesu li od Boga

Ima dobrih duhova koji pripadaju Bogu, koji Vas vode k spasenju, ali ima i zlih duhova koji Vas obmanjuju i vode u propast.

S jedne strane, onaj kojemu je dan Duh Božji, priznaje Isusa Krista koji je došao u tijelu. On vjeruje u Trojstvenoga Boga, Isusa Krista i Duha Svetoga pa je zapečaćen kao dijete Božje. On razumije istinu i živi u skladu s tom istinom uz pomoć Duha Svetoga.

S druge strane, onaj koji ima duh Antikrista, protivi se Isusu Kristu s Riječju Božjom i niječe da ga je On otkupio. Morate biti oprezni i sposobni razlikovati antikriste jer Antikrist je često na djelu među vjernicima zlorabeći Riječ Božju.

U svakom slučaju, nijekanje Isusa Krista nimalo se ne razlikuje od protivljenja Bogu koji Ga je poslao na ovaj svijet.

Biblija nas upozorava na Antikrista u Drugoj Ivanovoj Poslanici 1:7-8 ovako:

U svijet su izišli mnogi zavodnici koji ne priznaju Isusa Kristom koji je došao u tijelu. Taj je Zavodnik i Antikrist. Pazite sebe da ne izgubite što ste radom postigli, nego da primite potpunu plaću.

A u Drugoj Ivanovoj Poslanici 2:19 još je jedno upozorenje

nama:

Od nas su izišli, a nisu bili naši; jer da su bili naši, ostali bi s nama. Ali, neka se očituje da svi nisu naši.

Dvije su vrste antikrista: onaj koji je opsjednut duhom Antikrista i onaj koji je zaveden od duha Antikrista. Oba pokušavaju zavarati ljude gdje god prebiva Duh Sveti. Hvataju ljude kako bi se oni usprotivili Riječi Božjoj i zavaravaju ih svojim mislima. Ljudi čijim mislima u cijelosti upravlja duh Antikrista nazivaju se "opsjednuti zlim duhom."

Ako se svećeniku dadne duh Antikrista, članovi crkve nastavljaju napredovati prema putu uništenja, opsjednuti duhom Antikrista.

Stoga morate jasno razaznavati Duh istine od duha zablude kako vas ne bi zaveo duh Antikrista, nego kako biste živjeli u skladu s istinom i svjetlom.

Kako razaznavati duhove

U Prvoj Ivanovoj Poslanici 4:5-6 stoji: *"Oni su od svijeta; zato govore kao svijet, i svijet ih sluša. Mi smo od Boga; tko poznaje Boga, sluša nas; tko nije od Boga, ne sluša nas. Po tome prepoznajemo duha istine i duha zablude."*

Pojam "zabluda" odnosi se na "pogrešnu izjavu koja je neistinita." Duh zablude je duh ovoga svijeta koji Vas obmanjuje kako biste povjerovali da je ono što je neistinito zapravo istinito, a potiče Vas i da napustite granice vjere. Naime, onaj koji je od

Boga, sluša riječ istine, ali onaj koji pripada svijetu, sluša riječi svijeta, a ne istinu. Dakle, lako ih je razaznati. Očigledno će Vam biti je li svjetlo ili tama ako poznajete istinu. A onda možete reći: "Ova osoba stoji u istini, ali ona stoji u tami."

Primjerice, ako netko kaže u nedjelju: "Hajdemo poslijepodne na piknik. Hajde da odemo samo na jutarnju misu. Zar to nije dovoljno dobro?" ili ako pokuša uništiti kraljevstvo Božje zlim podvalama, a još uvijek tvrdi da vjeruje u Boga, to je djelo duha zablude.

Razumjet ćete mnogo toga što Vam je Bog darovao ako primite duha istine koji je od Boga (Prva Poslanica Korinćanima 2:12). I zato Duh Sveti boravi u Vama — dragocjenom djetetu Božjemu. On je Duh istine i On Vas vodi u samu istinu. On ne govori sam od sebe, On govori samo ono što čuje i reći će Vam što tek ima doći.

Zato Isus u Evanđelju po Ivanu 14:17 kaže: *"Duha istine, kojega svijet ne može primiti, jer niti ga vidi niti ga poznaje. Vi ga poznajete, jer boravi kod vas i jer će biti u vama."* A u Evanđelju po Ivanu 15:26 nalazimo još jedan podsjetnik na Duha Svetoga: *"Kada dođe Branitelj, kojega ću ja poslati od Oca, Duh istine koji izlazi od Oca, on će svjedočiti za me."*

Isto tako, u Prvoj poslanici Korinćanima 2:10 stoji: *"Jer, nama je to Bog objavio po Duhu. Duh, naime, proniče sve, čak i dubine Božje."* I kao što je zapisano, jedino Duh Sveti u cijelosti poznaje i poima Božji um.

Kao posljedica toga, oni koji su primili Duha istine, slušaju riječ istine i pokoravaju joj se. I što se više šire kraljevstvo Božje i

Njegova pravednost, to se oni više raduju. Puni su života i čeznu za kraljevstvom nebeskim.

No, neki samo dolaze u crkvu bez ikakve radosti jer nemaju vjeru stvorenu od Boga. Oni još uvijek pripadaju ovome svijetu i draže su im ovosvjetovne stvari, kao što su novac i zabava. Dakle, oni ne mogu živjeti u istini, čeznuti za kraljevstvom nebeskim niti cijelim svojim srcem ljubiti Gospodina.

Naposljetku, oni napuštaju Boga zbog duha zablude jer pripadaju svijetu i nemaju Duh istine. Također, ako netko kleveće ili ogovara drugu braću i sestre u vjeri ili iz zavisti ometa druge u vjernosti kraljevstvu Božjem i Njegovoj pravednosti, on nije od Duha istine.

Neka Vas nitko ne zavodi

Prva Ivanova poslanica 3:7 potiče nas: *"Dječice, neka vas nitko ne zavodi! Tko vrši pravednost, pravedan je, kao što je On pravedan."* Ne biste smjeli okrenuti leđa Riječi Božjoj kako Vas ne bi zavelo neistinito znanje jer Vas ništa ne može poučiti osim Riječi Božje. Tek ćete tada primiti puno spasenje, napredovati u ovome svijetu i uživati život vječni u kraljevstvu nebeskom.

Međutim, đavao se trudi spriječiti djecu Božju da žive po Riječi i navodi Vas na pogodbe s ovim svijetom, na okretanje leđa Bogu, sumnjanje u Njega i protivljenje Njemu. U Prvoj Petrovoj poslanici 5:8 stoji: *"Budite trijezni i bdijte: vaš protivnik, đavao, obilazi kao ričući lav i traži koga da proždre!"*

Pa kako, onda, neprijateljski đavao i sotona uspijevaju zavarati djecu Božju? To možete usporediti sa ženom koja dolazi u iskušenje zbog muškarca. Ako se žena vlada s vrlinom i dostojanstvom i ako ima dobre manire, muškarci se ni ne usude dovesti je u iskušenje. U protivnom, muškarci vrlo lako dovode u iskušenje one koje se ne ponašaju na primjeren način. Isto tako, neprijateljski đavao i sotona pristupit će onome koji nije čvrst u istini i koji sumnja u Boga. Đavao stavlja na kušnju te ljude da se odvrate od Boga i da Mu se protive i na koncu ih vodi na put smrti. I Evu je đavao doveo u kušnju jer ju je uhvatio nespremnu kako izvrće Riječ Božju.

Naravno da možete biti dovedeni u kušnje i ako niste pogriješili. A to je zato što Vas Bog želi blagosloviti, kao što vidimo u kušnji Danijelovoj kada je bačen u lavlju jazbinu ili Abrahamovoj kušnji prinošenja vlastitog sina kao žrtve paljenice.

Kada se suočite s kušnjama ili poteškoćama zato što ne stojite čvrsto u istini, trebali biste smjesta odbaciti svoje grijehe s pokajanjem, istjerati sva iskušenja i kušnje pomoću Riječi Božje i dati sve od sebe da stojite čvrsto na stijeni istine.

Stojte čvrsto u istini; Ne dajte se zavesti

U Prvoj poslanici Timoteju 4:1-2 autor piše: *"Duh izričito kaže da će u posljednja vremena neki otpasti od vjere i pristati uza zavodničke duhove i đavolske nauke, prevareni od podlih lažaca, kojima je savjest žigosana."*

To se odnosi na posljednja vremena, tijekom kojih će neki koji tvrde da vjeruju otpasti od svoje vjere jer će slijediti zavodničke duhove i đavolske nauke.

Zavedeni su podli, čak i ako im se djela čine vjernima i pravednima. Oni se mole pred drugima i pokušavaju biti vjerni zbog novca, a ne iz zahvalnosti na milosti Božjoj. Naposljetku, oni napuštaju svoju vjeru i idu putom smrti jer im je savjest žigosana lažima, življenjem bez istine i uživanjem u ovosvjetovnim zabavama.

Bog nas strogo opominje u Bibliji da se ne dadnemo zavesti. Isus nas upozorava u Evanđelju po Mateju 7:15-16: *"Čuvajte se lažnih proroka, onih što vam dolaze u ovčjem ruhu, a unutra su grabežljivi vuci! Prepoznat ćete ih po njihovim rodovima. Zar se s trnja bere grožđe ili s drače smokve?"*

Nečije riječi i djela odražavaju njegove misli i volju. To jest, možete prepoznati ljude po njihovim rodovima. Ako netko ima rod zla, kao što su mržnja, zavist i ljubomora umjesto roda istine, dobrote i pravednosti, on je lažni prorok.

Mnogi lažni proroci, antikristi, već su u ovome svijetu. Stoga, djeca Božja moraju dobro razumjeti krivovjerje i biti sposobna razlikovati Duh istine od duha zablude.

Neprijateljski đavao i sotona nikada ne propuštaju priliku da zavedu djecu Božju i da ih navedu na grijeh kad god se malo odmaknu od istine. No, kad stojite stabilno u istini i kad ste joj poslušni, neće Vas zavesti duh zablude, nego ćete ga lako pobijediti ako Vam se približi.

Ne smijete priznavati ni slijediti nijedan drugi nauk niti Vas smiju zavesti nauci, koji se protive istini. Umjesto toga, slušajte Riječ Božju i slijedite želje Duha Svetoga kako biste bili hrabriji i neviniji za Drugog dolaska našeg Gospodina Isusa Krista.

"Dođi, Gospodine, Isuse!"

Autor:
Dr. Jaerock Lee

Dr. Jaerock Lee rođen je 1943. u Muanu, provincija Jeonnam, Republika Koreja. U svojim dvadesetim godinama Dr. Lee je sedam godina bolovao od niza neizlječivih bolesti i iščekivao smrt bez ikakve nade u oporavak. Međutim, jednoga dana, u proljeće 1974., njegova ga je sestra odvela u crkvu, a, kada je kleknuo da se pomoli, živi ga je Bog smjesta ozdravio od svih njegovih bolesti.

Od trenutka kada je Dr. Lee upoznao živoga Boga putem tog prekrasnog iskustva, ljubio je Boga svim svojim srcem i dušem, a 1978. pozvan je da postane sluga Božji. Usrdno se molio da jasno spozna Božju volju, da je u cijelosti provede u djelo i da poštuje Riječ Božju. 1982. utemeljio je crkvu Manmin Central Church u Seulu, Koreja, a u toj su se crkvi događala brojna djela Božja, uključujući i čudesna ozdravljenja i znamenja.

1986. Dr. Lee zaređen je za pastora na Godišnjoj skupštini crkve Jesus' Sungkyul Church iz Koreje, a četiri godine kasnije, 1990., njegove su propovijedi Dalekoistočna televizijska kuća, Azijska televizijska postaja i Kršćanski radio Washingtona počeli prenositi na televiziji u Australiji, Rusiji, na Filipinima i u brojnim drugim zemljama.

Tri godine kasnije, 1993., crkvu Manmin Central Church odabrao je za jednu od "50 najvećih crkava na svijetu" časopis *Kršćanski svijet* (SAD), a on je primio Počasni doktorat božanstva od fakulteta Christian Faith College, Florida, SAD, a 1996. i doktorsku titulu od teološkog sjemeništa Kingsway Theological Seminary, Iowa, SAD.

Od 1993. Dr. Lee predvodi i svjetsku misiju u mnogim prekooceanskim pokretima u Tanzaniji, Argentini, L.A.-u, Baltimore Cityju, Hawaiijima i New York Cityju u SAD-u, Ugandi, Japanu, Pakistanu, Keniji, Filipinima, Hondurasu, Indiji, Rusiji, Njemačkoj, Peruu, Demokratskoj Republici

Kongo i Izraelu. 2002. glavne kršćanske novine u Koreji prozvale su ga "svjetskim pastorom" za njegov doprinos u različitim prekooceanskim pokretima za veliko ujedinjenje.

Od svibnju 2012 crkva Manmin Central Church ima kongregaciju od više od 12.000 članova. Ima 10.000 tuzemnih i inozemnih područnih crkava diljem planete, a dosad je više od 129 misionara poslano u 23 zemlje, uključujući i Sjedinjene Američke Države, Rusiju, Njemačku, Kanadu, Japan, Kinu, Francusku, Indiju, Keniju i mnoge druge zemlje.

Do datuma objavljivanja ove knjige Dr. Lee je napisao 64 knjiga, uključujući i bestselere *Kušanje Vječnog Života Prije Smrti (Tasting Eternal Life before Death), Moj Život, Moja Vjera I i II (My Life My Faith I & II), Poruka Križa (The Message of the Cross), Mjera Vjere (The Measure of Faith), Raj I i II (Heaven I & II), Pakao (Hell)* i *Božja Moć (The Power of God)*. Njegova su djela prevedena na više od 73 jezika.

Njegove kršćanske kolumne objavljuju *The Hankook Ilbo, The JoongAng Daily, The Dong-A Ilbo, The Munhwa Ilbo, The Seoul Shinmun, The Kyunghyang Shinmun, The Hankyoreh Shinmun, The Korea Economic Daily, The Korea Herald, The Shisa News,* and *The Christian Press.*

Dr. Lee je trenutačno vođa mnogih misionarskih organizacija i udruga, uključujući i funkcije predsjedavajućega u The United Holiness Church of Jesus Christ, predsjednika u Manmin World Mission, stalnog predsjednika u The World Christianity Revival Mission Association, osnivača i predsjednika uprave u Global Christian Network (GCN), osnivača i predsjednika uprave u World Christian Doctors Network (WCDN) i osnivača i predsjednika uprave u Manmin International Seminary (MIS).

Raj I i II

Podrobna skica božanske životne okoline u kojoj uživaju stanovnici raja i prekrasan opis različitih razina nebeskog kraljevstva.

Moj Život, Moja Vjera I i II

Najmirisnija duhovna aroma izvučena kao ekstrakt iz života koji je procvjetao neusporedivom ljubavlju za Boga usred tamnih valova, hladnoga jarma i najdubljeg očaja.

Kušanje Vječnog Života Prije Smrti

Memoari Dr. Jaerocka Leeja, koji je ponovno rođen i spašen iz doline smrti i koji vodi savršeno uzoran kršćanski život.

Mjera Vjere

Koja je vrsta boravišta, krune i nagrada pripravljena za tebe u raju? Ova ti knjiga donosi mudrost i vodstvo kako bi izmjerio svoju vjeru i kultivirao najbolju i najzreliju vjeru.

Pakao

Ozbiljna poruka cijelom čovječanstvu od Boga, koji ne želi da čak i jedna duša padne u dubine pakla! Otkrit ćete nikada prije objavljeni opis surove stvarnosti Hada i pakla.